AF248060

Lieutenant BAQUEY

Du 50e d'Infanterie

La Pénétration

Saharienne

RÉSUMÉ HISTORIQUE

(1899-1905)

AVEC 1 GRAVURE DANS LE TEXTE

PARIS

Henri CHARLES-LAVAUZELLE

Éditeur militaire

10, Rue Danton, Boulevard Saint-Germain, 118

(MÊME MAISON A LIMOGES)

LA

PÉNÉTRATION SAHARIENNE

Lieutenant BAQUEY

Du 50e d'Infanterie

La Pénétration Saharienne

RÉSUMÉ HISTORIQUE

(1899-1905)

PARIS

Henri CHARLES-LAVAUZELLE

Éditeur militaire

10, Rue Danton, Boulevard Saint-Germain, 118

(MÊME MAISON A LIMOGES)

LA
PÉNÉTRATION SAHARIENNE

I

Ce qui suit n'a pas la prétention d'être entièrement de l'inédit. Il en a été parlé un peu chaque année, depuis 1899, dans diverses feuilles ou Revues, avec plus ou moins de développement ou de vérité.

L'histoire de notre pénétration saharienne n'en demeure pas moins fort peu connue. Après avoir pris une part infinitésimale à la pacification, j'ai voulu essayer de relater les faits de la conquête ; de les détailler autant que me l'ont permis des souvenirs personnels, ou des renseignements recueillis là-bas de la bouche de ceux les ayant connus ou vécus. Quelques-uns de ces faits, les gros, ont provoqué en France une heure de forte émotion ; d'autres, à peine signalés, ont passé inaperçus.

Partout cependant, le sang français ou celui de nos sujets algériens, précieux auxiliaires, a généreusement coulé ; en maints endroits, il a laissé des traces, que la plus légère brise a suffi à recouvrir : dans ce désert assoiffé, les empreintes ne sont que passagères ; plus vite que le temps dans les esprits, le sable y fait l'oubli.

« Le Sahara est ouvert », écrivait-on dernièrement dans un numéro du *Bulletin de l'Afrique française*. Il l'est, en effet, par la constante et énergique action de nos troupes algériennes ; de celles, en particulier, dont le privilège est de fournir des détachements dans le sud, sans distinction de race ni de nationalité. Nous verrons par la suite comment ce résultat a été atteint ; au moyen de quel « outil » continue à s'effectuer la pacification ; j'apporterai le témoignage des pionniers les plus autorisés de cette entreprise, à l'appui de mon humble opinion personnelle, pour conclure sur le moyen le plus propre à mettre en valeur ce vaste et ingrat domaine ; à le doter, du moins, d'une prospérité relative.

Description sommaire.

Le « Sahara français » commence à la limite méridionale des Hauts-Plateaux marocains et algériens, pour se terminer aux confins septentrionaux de la région du Tchad et à la boucle du Niger ; est-ouest, il s'étend de l'Océan à la ligne Rhat-Rhadamès-Tchad.

Son aspect n'est pas uniforme.

Tantôt comparable à une véritable mer par l'immense étendue de ses sables figés en d'éternelles vagues, il est autre part accidenté, rocheux, caillouteux, sans nulle trace de verdure ni de végétation. Par ailleurs, dans le lit à sec de ses artères fluviales, une certaine humidité révèle la proximité sous-jacente de l'élément liquide ; la végétation arborescente apparaît ; le Sahara est peuplé. Là ont pris naissance les oasis, seule note gaie de l'ensemble du territoire, seule impression de fraîcheur sur ce sol déshérité.

Des fleuves qu'indiquent nos plus récentes cartes, il n'est plus en surface, dans la presque totalité du cours, que la vallée ; la plupart descendent des contreforts méridionaux de l'Atlas, ont un certain débit à leur origine, puis se perdent dans les sables, laissant un lit abandonné, peu profond, mais large de plusieurs kilomètres en divers points, recouvert de-ci de-là d'une épaisse couche de magnésie. Tels la Saoura, formée de la réunion du Guir et de la Zousfana ; l'oued Namous, l'oued Seggeur, l'oued Mia, etc. ; l'Igharghar enfin, le plus important par l'étendue de son cours, suit une direction contraire : il descend du massif du Hoggar, déroule sa trace vers le nord sur 800 kilomètres environ, s'étale largement dans le parcours des Chamba sur 6 à 8 kilomètres et disparaît dans les sables au sud-est d'Ouargla.

Dans certaines de ces vallées, les pluies d'orage ou les eaux provenant de la fonte des neiges ont creusé des lits secondaires, sortes de sillons ; l'eau que n'absorbe pas le sol, argileux ou saturé d'humidité, y persiste un et même plusieurs mois avant les fortes chaleurs, constituant des réservoirs passagers appelés « redhirs ». Les redhirs sont d'habitude soigneusement repérés ; fort peu résistent à l'évaporation des mois de canicule. La Saoura, cependant, au sud de Beni-Abbès, offre à certains endroits l'aspect véritable d'un de nos ruisseaux de France : dans un lit très étroit, un fossé presque, une eau limpide coule lentement, bordée soit de verts ajoncs, soit de palmiers, magnésienne, peu propre par cela à la consommation. Dans cette eau se reproduisent, depuis les temps les plus reculés, des familles de poissons, qui n'ont point encore été troublées par la crainte de l'hameçon (1).

Quelques-unes de ces vallées sahariennes ont été suivies par les explorateurs qui ont tenté la traversée du grand désert ; elles ont été également les couloirs de notre pénétration.

---

(1) La « Saoura », ou « Messaoura », forme au sud d'Igli une vallée sinueuse, largement étalée, ou encaissée parfois entre les escarpements de la Hamada, et les sables de l'Erg. Après avoir traversé le Touat, elle se termine, croit-on, dans la grande sebka du Tanesrouf. De Beni-Abbès, jusqu'à Kerzaz, son cours est jalonné par une succession de vertes palmeraies, de nombreux ksours, dont la position est assez nettement indiquée sur la carte de l'Algérie au 1/800.000e.

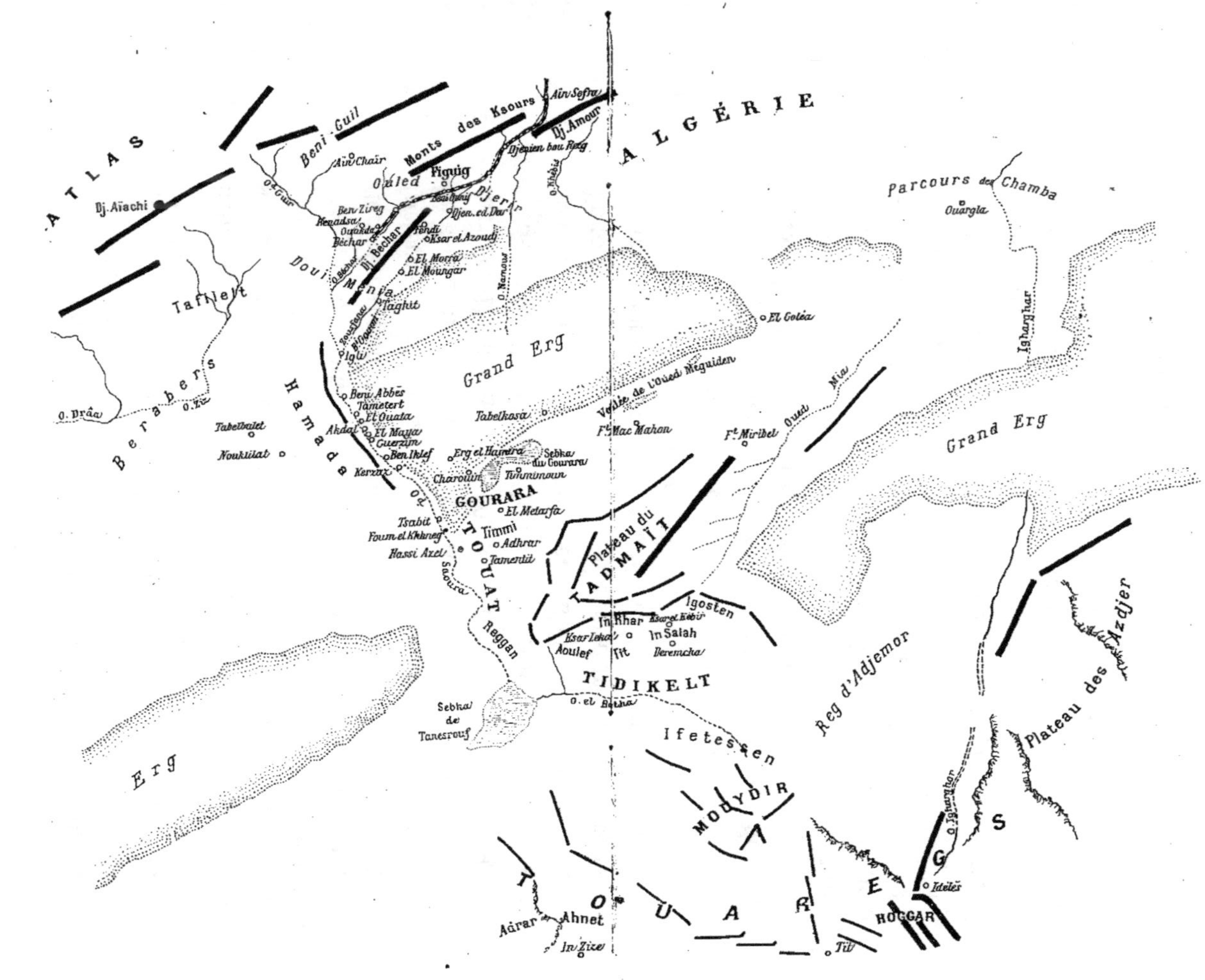

ATLAS
ALGÉRIE
Beni-Guil
Monts des Ksours
Aïn-Sefra
Dj. Amour
Aïn-Chair
Ouled
Figuig
Djenien bou Reag
Dj. Aïachi
O. Grur
Ben-Zireg
Dj. Djerir
O. Rhebis
Tafilelt
Beraber s
Doui-Menia
Renadsa
Ouakda
Béchar
Dj. Béchar
Zousfana
Fendi
Ksar el Azoudi
Djen. ed-Dar
O. El Morra
O. El Moungar
O. Namous
Parcours des Chamba
Ouargla
Iglu
Taghit
Grand Erg
El Goléa
Igharghar
O. Drâa
O. K.
Berabers
Hamada
Beni-Abbès
Tametert
El Ouata
Tabelbalet
Nouklilat
Akdal
El Maya
Guerzim
Ben Iklef
Tabelkosa
Vedis de l'Oued Méguiden
F.t Mac Mahon
F.t Miribel
Oued
Mia
Grand Erg
Kerzax
Erg el Hamra
Charouin
Sebka du Gourara
Timmimoun
GOURARA
El Metarfa
TOUAT
Tsabit
Foum el Khneg
Hassi Azel
Timmi
Adrar
Tamentit
Plateau du
ADMAÏT
Saoura
Reggan
Igosten
In Rhar
Ksar el Kebir
Ksar Teka
In Salah
Aoulef
Tit
Deremcha
Reg d'Adjemor
Plateau des Azdjer
TIDIKELT
Erg
Sebka de Tanesrouf
O. el Biöd
Ifetes sen
MODYDIR
T
O
U
A
R
E
G
S
Idelès
HOGGAR
Adrar
Ahnet
In-Zize
Tit

Orographie.

Les éléments du système orographique saharien, dans la partie qui nous intéresse, sont à peu près déterminés quant à leur topographie d'ensemble et leur constitution géologique. Leur point de soudure commun, le nœud central, semble être le massif du Hoggar (1), ou massif de la Koudiat, que pénétra pour la première fois le lieutenant Cottenest en 1902. Tourmenté, rocheux (granit et lave), sec, d'une effrayante aridité, il a été jusqu'à ces dernières années le réduit de la puissance touareg, la forteresse redoutable inviolée, d'où partaient les écumeurs du Sahara, incapables de vivre sur son sol, en quête de razzias. Il culmine à 2.500 et 3.000 mètres, est fort peu arrosé par l'eau des pluies (une fois tous les trois ou quatre ans en moyenne), et subit à certaines saisons d'excessives variations de température dans les vingt-quatre heures. On a constaté, en novembre, des écarts quotidiens de + 2° à + 44°.

Du Hoggar divergent en s'abaissant des successions d'arêtes, à parois généralement abruptes, ou de plateaux : le Mouydir le prolonge au nord ; c'est un plateau humide, assez fertile en apparence, possédant de nombreux pâturages, habité autrefois, ainsi qu'en témoignent des vestiges de culture et des ruines d'habitations. Le Mouydir s'étale jusqu'à la vaste dépression qu'est le Tidikelt, jalonnée est-ouest par l'oued El-Botha, auquel il donne naissance. Au delà du Tidikelt, vers le nord, le sol se relève soutenu par des escarpements calcaires, s'étage en paliers successifs dont pas un sommet n'émerge ; nulle trace d'humidité ni de verdure : c'est le Tadmaït, pays de la désolation, « bled de la soif ».

---

(1) Nous écrivons ce mot tel qu'il est prononcé.

Au nord-est du Hoggar est le *Tassili du Nord*, ou « des Azdjer », dont la muraille à pic culmine, à l'est de l'Igharghàr, à 700 ou 800 mètres, nous isolant de la Tripolitaine et des centres commerciaux de Rhat et Rhadamès : aride, peu connu, le Tassili du Nord est le refuge des Touaregs Azdjer, pillards farouches, rebelles jusqu'à ce jour à notre action pacificatrice.

Au sud-ouest du même massif central est le pays montagneux de l'*Adrar-Ahnet*, sur le parcours d'In-Salah à In-Zize. L'Adrar-Ahnet est d'une altitude moyenne de 400 à 500 mètres et ne culmine pas à plus de 1.000 mètres en ses plus hautes régions ; ses sommets s'élèvent de plus en plus en se rapprochant du Hoggar, auquel ils doivent se raccorder (1).

Hors ces régions véritablement montagneuses, le reste de l'étendue saharienne n'est que sable (Grand Erg, Erg d'Iguidi), ou Hamada caillouteuse, inculte, de la Tripolitaine à l'Océan. (On nomme Hamada de vastes régions planes, caillouteuse, désertiques par excellence.)

Populations.

Quelles populations, quelles races peuvent habiter ces régions désertiques, où semblent si précaires les conditions d'existence ? Les agglomérations les plus denses vivent parmi les oasis de la Saoura, du Touat, du Tidikelt (Beni-Goumi, Gourariens, Touatiens), ainsi que dans les vallées plus fertiles du Guir et de ses tributaires (Doui-Menia, Beni-Guil, Ouled-Djerir). Les premières peuplent les ksours (2), les autres pastorisent une partie de l'année.

----

(1) « L'Adrar, massif montagneux, tient, dit M. Gauthier, professeur à la faculté d'Alger, plus du Soudan que du Sahara, par son aspect général, la fréquence de ses pluies, et l'apparente humidité qui en découle ; ses habitants, par contre, Touaregs Ifoghas, par leurs affinités physiques et morales, sont rattachés au Hoggar. » (*Afrique française*.)

(2) Ksar, pluriel ksour, sorte de forteresse, puante, obscure, surmontée de terrasses, bâtie en pisé.

Ces catégories sont, en général, de race « arabe », avec une certaine proportion de nègres, tous esclaves venus du Soudan, ou d'affranchis, les « Harratin ». (On s'accorde à nommer « Harratin » les produits du croisement d'une négresse avec un blanc) (1).

Au Mouydir, au Hoggar, à l'est et à l'ouest, la population est très clairsemée. Nomade, guerrière, plus fière que la précédente, elle appartient à la race « berbère », représentée par les Touaregs. (Le vocable « berbère » vient de « barbare », d'où Barbarie, ou « Berbérie », nom donné durant les siècles précédents à la côte septentrionale de l'Afrique, de Gibraltar à Gabès. Lors de l'invasion des Mauritanies (2) par les barbares — Suèves, Vandales, Alains — au ve siècle, ceux-ci, après avoir saccagé l'œuvre grandiose de la civilisation romaine, détruit ou dispersé en grande partie les habitants, se répandirent de Gabès à l'Océan, puis s'ingénièrent à leur tour au contact des vestiges dont ils profitèrent. Chassés ou détruits trois siècles plus tard par les Maures d'Orient, les débris de ces races venues du Nord, type mâle, aux yeux clairs, cherchèrent un refuge à l'intérieur du continent africain, au delà des sables, ou se cantonnèrent sur les sommets. Ils ont pu ainsi se perpétuer avec une assez parfaite pureté ou se transmettre, du moins, leur caractère essentiel, leurs mœurs, leurs coutumes. Nous retrouvons actuellement au Maroc les Riffains, dans le Rif ; les Riata, les Glaouis, etc., dans l'Atlas ; les Bérabères, au sud (3) ; en Algérie, les Kabyles ; en Tunisie,

---

(1) L'explorateur du Maroc, de Foucault, dit au contraire : « L'Hartani (pl. Harratin) n'est ni un esclave affranchi, ni un sang mêlé. C'est le descendant des anciens propriétaires des oasis réduit à la condition de cultiver pour ses vainqueurs la terre dont il était jadis possesseur, qui lui a été enlevée par droit de conquête. (*Reconnaissance au Maroc.*)

(2) Mauritanie algérienne, et tingitane (de Tanger).

(3) Les Bérabères sont une confédération de tribus de race berbère.

les Kroumyrs ; au Sahara, les Touaregs. Tous ces rameaux sont issus de la grande famille berbère, qu'un proverbe, rapporté par de Foucauld, suffirait pour la différencier moralement de la race arabe : « Mange à la table d'un Arabe, il te tuera, s'il le peut, en sortant ; mange à la table d'un Berbère, il se fera tuer pour toi en sortant. » Autres caractéristiques de la race berbère : montagnards, industrieux, indépendants.

Les Touaregs sont très divisés et, d'ailleurs, très réduits par leur incessant état de guerre, le brigandage et les razzias. Comme les Bérabères, ils constituent une sorte de confédération dont les différentes fractions, fort éloignées les unes des autres dans le grand désert, obéissent à des chefs que divisent souvent de profondes rivalités d'intérêts, d'influence ou de famille.

Leur société, composée de nobles et de serfs, repose sur un état de féodalité dont les traditions constituent les lois.

Leur nombre a été évalué à quelques milliers.

La population globale des oasis sahariennes atteint assez approximativement 60.000 âmes.

L'occupation (1).

Dans le traité franco-marocain de Lalla-Marghnia, 1845, les États contractants avaient jugé inutile de délimiter les étendues désertiques qui s'ouvraient alors au sud des Hauts-Plateaux marocains et algériens, toute culture y paraissant à jamais impossible. Par l'article 3 dudit traité, la délimitation de la frontière algéro-marocaine, partant de l'embouchure de l'oued Kiss, au nord, s'arrêtait au Teniet-es-Sassi, un peu à l'ouest d'El-Aricha.

---

(1) « Le mot « conquête » est impropre. On ne conquiert pas son propre bien, mais on l'occupe progressivement, à mesure que de grands intérêts le conseillent. » (*Discours de M. Laferrière, gouverneur général*, 11 décembre 1900.)

L'article 4 stipulait : « Dans le désert, Sahara, il n'y a pas de délimitation territoriale à établir entre les deux pays, puisque la terre ne se laboure pas. Les deux souverains exerceront de la manière qu'ils l'entendront la plénitude de leurs droits sur leurs sujets respectifs. » Suit la dénomination des tribus.

Le champ était libre aux explorateurs. L'Allemand Rholf, en 1864, parti du centre africain, était remonté vers le nord, par le Tidikelt, la Saoura, le Guir ; avait pénétré au Tafilelt, et longé la vallée du Dra. Il avait relevé sur son passage un long chapelet d'oasis sahariennes, peuplées, riches en dattes et en bétail, dont In-Salah semblait être la perle et le pôle attractif. Ces renseignements, précieusement recueillis à la direction des Affaires indigènes à Alger, avaient été plus ou moins contrôlés par des recoupements émanant de nos officiers du Sud algérien (1).

Certains, parmi ces officiers qui ont pénétré la région d'In-Salah, n'en sont point revenus. En 1886, le lieutenant Douls (2), parti d'Ouargla, trouvait la mort près d'In-Salah. En 1889, le lieutenant Palat était assassiné au Tidikelt, entre Akabli et l'Aoulef ; plus tard, le lieutenant Colot, et d'autres encore, arrosaient de leur sang cette terre brûlée, inhospitalière. M. Foureau, en 1890, en 1893, tentait de pénétrer au Tidikelt par le Tadmaït ; devant l'hostilité sourde des premiers habitants rencontrés, ne possédant que de faibles moyens, il se voyait contraint de rentrer à Ouargla (3).

---

(1) Reconnaissances et renseignements du commandant Defforges, 1892 ; du capitaine de Saint-Julien, 1891.

(2) Le lieutenant Douls s'était déjà signalé comme explorateur dans diverses reconnaissances parties de la côte Atlantique (cap Juby), vers Tindouf et la Mauritanie sénégalienne.

(3) Avant sa belle traversée du Sahara, M. Foureau a plusieurs fois tenté de retrouver les traces de Flatters ; essais infructueux d'ailleurs, mais qui devaient, par la suite, justifier la confiance du gouvernement.

Indépendamment de ces généreuses initiatives, il était aisé de constater que notre politique algérienne tendait depuis déjà longtemps à introduire dans le Sahara notre domination, à y tailler à la France un domaine incontesté qui, de nos possessions sénégaliennes aux rives de la Méditerranée, ne formerait qu'un seul et même empire. N'avait-on pas, en 1881, par l'occupation d'Aïn-Sefra, reculé pour ainsi dire la limite du désert ? La poursuite des contingents de Bou-Amama jusqu'à la pittoresque oasis de Fendi n'avait-elle pas, vers le sud, élargi notre horizon ?

En 1891, dans la province d'Alger, cette même politique d'expansion n'établissait-elle pas une petite garnison en vedette au point d'El-Goléa, apportant une nouvelle pierre à l'édifice de notre pénétration ? Un courant d'opinions, une action continue, méthodique, nous poussaient vers les sables, vers l'au delà plutôt, vers les centres mystérieux, dont Rholf signalait l'importance, la prospérité. Et notre action militaire, docile, faisait tache d'huile, établissait en 1892 et 1893 deux nouveaux postes, à 100 kilomètres au sud d'El-Goléa (fort Mac-Mahon et fort Miribel), au débouché nord des routes du Gourara et du Tidikelt, enfonçant ainsi de plus en plus notre drapeau vers le grand désert. El-Goléa, placé à la limite méridionale du parcours des Chamba, déjà au milieu des sables, allait par cela même devenir la base d'opérations ultérieures. Si In-Salah, disait-on, est le centre moral et économique du désert occidental, pourquoi en retarder l'occupation ?... On craignait de soulever des difficultés avec le Maroc. Mais que pouvait loyalement avoir à réclamer le sultan ? Avait-il plus que nous, en vertu des traités, des droits sur ces régions ? Son autorité politique y était-elle reconnue ? Non, certes. Quant à son pouvoir religieux comme « chef des Croyants », il ne lui confère sur les populations musulmanes africaines hors de son territoire pas plus de droits qu'il n'en confère au pape sur les pays chrétiens. Le traité de Lalla-Marghnia, d'ailleurs, qui n'établissait aucune limite territoriale au sud de Teniet-es-Sassi, laissait géographiquement dans notre sphère d'influence et d'action tout l'hinterland au sud des Hauts-Plateaux. Au point de vue européen, la convention franco-anglaise du 21 mars 1899 reconnaissait comme partie intégrante de cet hinterland les « territoires au sud de nos possessions méditerranéennes », c'est-à-dire ceux compris entre l'Algérie et le Soudan, dont le Touat, le Gourara, le Tidikelt font partie.

En droit, nos coudées étaient franches.

On irait donc au Tidikelt, vers In-Salah, mais avec l'appareil militaire le plus simple pour ne pas effaroucher les autochtones ; on décida l'envoi d'une mission scientifique, ayant à sa tête un savant, escortée seulement par une centaine de goumiers. Et ce fait se réalisa en novembre 1899.

Mission Flamand.

Un professeur à la faculté d'Alger, M. Flamand, partit d'Ouargla, le 28 novembre, avec le goum des Chamba du capitaine Pein, accompagné du naïb (1) de la secte religieuse des « Quadria » d'Ouargla, caution de nos intentions pacifiques. Au total, 150 fusils. Un échelon de sécurité (il fallait tout prévoir), composé d'un détachement de spahis de l'escadron saharien, commandé par le capitaine Germain, suivait à une demi-journée de marche et protégeait la mission, sans lui ôter son caractère pacifique.

La mission suivit l'oued Mia et franchit le Tadmaït sans rencontrer d'obstacles. On espérait atteindre In-Salah

---

(1) « Naïb », représentant du chef d'une secte religieuse.

sans coup férir et prendre ensuite à rebours une partie de l'itinéraire de Rholf, venu en 1864 de Rhadamès, lorsque l'accueil fut soudainement hostile dans le district d'Igosten. Préparer le mouvement de retraite vers une autre direction apparut opportun ; mais à l'aube du jour suivant, 29 décembre, le camp fut assailli par une horde de cavaliers sortis des dunes voisines. La mission résista à plusieurs assauts de ces gens mal armés, tua 50 hommes, en blessa 60, et, finalement, les obligea, impressionnés par leurs pertes et notre calme, à la retraite, vers 10 heures du matin. Peu après survint le détachement de protection. Prenant une détermination hardie, le capitaine Pein lança goumiers et spahis à la poursuite des agresseurs, rassemblés de nouveau autour de Ksar-el-Kébir. Ils furent dispersés sans effort, nous laissant maîtres de la région. Cet engagement porte le nom de combat d'Igosten.

Le drapeau français flottait, le 29 décembre 1899, sur la kasbah de Ksar-el-Kébir, centre principal du territoire d'In-Salah (1), justifiant en partie cette prophétie de M. Foureau, à la suite d'un de ses précédents voyages : « In-Salah et tout le pays des oasis seront, un jour venu, occupés par la France, et cesseront d'être des repaires de malfaiteurs pour devenir des oasis paisibles et prospères à l'ombre de notre drapeau. »

Tenir les districts d'Igosten et d'In-Salah avec si peu de monde était dangereux et ne pouvait être, d'ailleurs, qu'un premier pas dans la voie de l'occupation. Le gouvernement général ne pouvait laisser la mission enfermée à Ksar-el-Kébir, exposée à y subir les assauts d'une levée en masse qui ne ferait ni grâce ni merci. Il fallait ren-

---

(1) In-Salah n'est point un ksar unique, une palmeraie; c'est un territoire, un district que constitue un groupe d'oasis de 4.000 à 5.000 âmes, dont Ksar-el-Kébir était la principale, la clef.

forcer sans retard les troupes de l'escorte, disperser les rassemblements belliqueux, s'étendre sur le pays et y parler en maîtres, ou se retirer promptement.

La nouvelle du coup de main d'Igosten et de la prise d'In-Salah, rapidement transmise à Alger, y fut très favorablement accueillie. L'envoi d'un premier renfort de 150 tirailleurs sahariens et de 150 goumiers, commandés par le commandant Baumgarten, fut aussitôt décidé. Cette petite colonne arriva, le 18 janvier, à In-Salah, débarrassant la mission Flamand de ses inquiétudes ; celle-ci, après avoir livré un nouveau combat à Deremcha, dans une opération de ravitaillement, s'était barricadée dans Ksar-el-Kébir, et attendait les événements. L'arrivée du commandant Baumgarten permit à M. Flamand de rentrer à Alger (février) et d'y communiquer les résultats de ses travaux.

Colonne d'Eu.

Ce faisant, une deuxième colonne, dont la précédente n'était que l'avant-garde pour ainsi dire, était en voie d'organisation à El-Goléa. Elle se constituait en troupes de toutes armes, et devait emporter quarante jours de vivres. Sa mission répondait aux vues du gouvernement : occuper les oasis par la force, puisque la manière pacifique avait avorté ; les rattacher à notre colonie nord-africaine, les assujettir à notre administration et en préparer ultérieurement la mise en valeur.

Commandée par le lieutenant-colonel d'Eu, du 1er tirailleurs, la colonne dite « du Tidikelt » quitta El-Goléa le 24 février 1900, forte de 700 hommes, 80 chevaux, 1.500 chameaux. En dix-sept jours, elle parvenait à In-Salah par Fort-Miribel et la vallée de l'oued Mia. Après s'être grossie des contingents du capitaine Pein, elle marcha vers l'ouest, dans la direction du Tanesrouf, pénétra

dans le district d'In-Rhar, où un pacha redouté, le pacha
de Timmi, avait rassemblé 1.500 rebelles.

Un choc était inévitable : il se produisit, le 19 mars,
sous les murs de Ksar-Lekal (In-Rhar). Deux kasbah ser-
vaient d'appui et de refuge aux forces du pacha ; prises
comme objectifs, elles furent bombardées sans résultat ;
devant le peu d'efficacité de nos obus de 80 sur ces re-
doutes en terre, le colonel d'Eu se décida à une action
vigoureuse ; il prépara l'attaque par les feux de son artillerie concentrés sur la kasbah nord, et fit donner l'as-
saut. Rien n'arrêta l'élan de nos tirailleurs et de nos
« joyeux ». Ils se répandirent à l'intérieur de la forteresse, où s'entassaient les rebelles, et firent, dit-on, un
grand carnage. (Les renseignements qui **précèdent** pro-
viennent du livre du colonel d'Eu : *Gourara, Touat, Tidikelt.*)

Ce sanglant exemple réprima par la suite toute velléité
belliqueuse.

La colonne du Tidikelt poursuivit sa marche vers
l'ouest ; traversa sans embarras les districts de Tit, de
l'Aoulef, qu'administraient un caïd marocain, puis revint
sur ses pas, laissant des garnisons à Tit, In-Rhar et
In-Salah. Le reste de cette colonne remonta à El-Goléa
et se disloqua le 17 mai 1900.

Le mystère d'In-Salah était donc pénétré ; nous verrons plus loin en présence de quelle réalité se trouvaient
les nouveaux occupants, en quel sens cette réalité dépassait les prévisions. L'administration militaire organisa le
territoire en annexe de bureau arabe, rattachée à la division d'Alger.

Mais rien n'est terminé tant qu'il reste à accomplir. Le
Tidikelt n'est qu'une partie de l'entité géographique que
sont les « oasis sahariennes ». Il confine au Touat qui,
orienté nord-sud, confine lui-même au Gourara. Pour pa-

cifier cet ensemble aussi vaste que deux de nos provinces
algériennes, il fallait y assurer notre domination, couper
court aux incursions des tribus marocaines qui allaient
nécessairement se produire, ces régions constituant pour
elles des centres de réapprovisionnement commodes,
dans lesquels il n'y avait qu'à puiser pourvu qu'on soit
en nombre et armé, assurer le rattachement à l'Algérie
par une voie sûre et la moins onéreuse, afin de réduire
au minimum les risques et frais d'occupation, ainsi qu'il
entrait dans le plan général.

L'ère des difficultés, des combats, des dépenses excessives s'ouvrait seulement pour nous.

Notre voie ferrée sud-oranaise atteignait à cette époque
Djenien-bou-Rezg ; devant elle s'ouvrait, s'enfonçant au
cœur même du Sahara algérien, le vaste sillon formé de
la Zousfana et de la Saoura dont on connaissait à peu
près les ressources. C'est par cette voie ferrée et ses
prolongements successifs, amorce du transsaharien déjà
projeté, et par les deux vallées sus-indiquées, que l'on
décida que s'opérerait le rattachement. La raison en était
simple, bien que longtemps contestée, les provinces d'Oran
et d'Alger se disputant la prédominance. Dans la province d'Oran, Djenien-bou-Rezg, tête de ligne momentanée, aux portes mêmes du désert, laissait aux ravitail-
lements et aux relèves 700 kilomètres environ à parcourir
par voie de terre pour parvenir au Tidikelt ; de plus, la
piste était relativement aisée à suivre, pourvue de bois et
jalonnée de puits. Son grand inconvénient était de se
trouver au contact permanent des tribus Doui-Menia et
Ouled-Djerir, dont elle traversait les pâturages, et dans
le voisinage des Berabers. La province d'Alger, par contre, ne présentait vers le sud qu'une faible étendue de voie
ferrée à utiliser, d'Alger à Berrouaghia, laissant à accomplir plus de 1.400 kilomètres par voie de terre pour
gagner le Tidikelt. Le parcours au sud d'El-Goléa offrait

assurément plus de sécurité qu'à l'ouest, par la Zousfana; mais ne présentait pas les mêmes ressources en eau, bois et pâturages.

La première solution devait donc être poursuivie, par esprit d'économie, bien qu'on soupçonnât qu'il pouvait en résulter de sérieux désagréments.

Pour agir librement à l'intérieur des trois nouveaux territoires, pour ôter aux Ksouriens tout recours extérieur, pour couvrir la ligne Zousfana-Saoura, qui allait devenir notre base d'opérations, on conclut à la nécessité d'occuper Igli.

Igli tirait son importance momentanée de sa situation, au confluent de la Zousfana et du Guir, réunis pour former la Saoura. Le Guir, tributaire de l'Atlas marocain, était la voie qu'empruntaient les caravanes et les troupes armées pour se rendre du sud de l'empire chérifien au Touat. Igli était, on le pensait du moins, le point de passage obligé, la porte de communication entre ces deux contrées, porte qui, solidement barrée, pouvait interdire toutes relations.

Colonnes Bertrand, Letulle et Ménestrel.

En mars 1900, trois colonnes furent constituées : l'une, colonne de l'ouest, à Aïn-Sefra, devait descendre la Zousfana, avec Igli comme objectif, sous le commandement du colonel Bertrand ; la colonne du centre, formée à Géryville, sous le commandement du commandant Letulle, devait, un peu plus tard, descendre au Gourara, par la vallée de l'oued Namous ; la troisième colonne, sous les ordres du colonel Ménestrel, avait également le Gourara comme objectif, par la vallée de l'oued Méguiden ; elle devait se joindre à la précédente à l'entrée des oasis du Gourara et gagner Timmimoun. Ces trois colonnes comprenaient des détachements de toutes armes ; celle de l'ouest, la plus fortement constituée (2 bataillons d'infanterie, 1 demi-escadron, 1 section de montagne, un goum) emmenait 1.200 chameaux porteurs de vivres. Sa mission était sans conteste la plus délicate, étant donnés le voisinage des tribus marocaines et les parcours traversés, la crainte aussi que l'on avait en haut lieu de voir surgir avec le Maroc des complications diplomatiques.

Le colonel Bertrand, porteur d'instructions aussi détaillées sans doute que confidentielles, devait marcher prudemment, avancer sans tirer, si possible, car le mot, connu de tous et cent fois répété, était : « Pas d'affaires. »

La colonne d'Igli arriva à destination le 5 avril sans coup férir. Notre appareil militaire et la crainte du canon en avaient imposé aux sédentaires de la Zousfana inquiets pour leurs biens et leur liberté. L'installation du camp sur un plateau rocheux au confluent des deux vallées, l'aspect des abris qui ne tardèrent pas à s'élever, témoignant d'un séjour plus que passager, confirmèrent les Ksouriens indécis dans l'idée qu'ils venaient de recevoir des maîtres, et qu'avec ceux-ci, parfaitement outillés et proclamant d'ailleurs leurs intentions pacifiques, le parti le plus sage était d'entrer en relations et chercher à s'entendre.

Le colonel Bertrand prit possession du ksar d'Igli, situé à quelques kilomètres, et y planta notre drapeau, dans le courant de mai.

Pendant que cette colonne, immobilisée au carrefour dangereux, s'y retranchait et interceptait le débouché du Guir, les deux autres colonnes, parties de Géryville et d'El-Goléa sur des voies convergentes, se joignaient au Gourara le 17 mai 1900. En un seul point, les Gourari (habitants du Gourara) essayèrent de protester. Le ksar de Fatis ferma ses portes ; mais un très léger bombardement, qui ne tua personne, eut raison de cet acte et suffit à impressionner la contrée.

Timmimoun, centre principal du Gourara, fut occupé, ouvrant un territoire aussi vaste et plus peuplé que le Tidikelt. Ce territoire fut érigé, comme le précédent, en annexe de bureau arabe ; une deuxième compagnie de tirailleurs sahariens, récemment créée, y tint garnison, ainsi que les contingents Letulle et Ménestrel réunis.

Pendant ces opérations, la colonne du colonel d'Eu était, ai-je dit, remontée vers le nord, non sans avoir laissé la 1re compagnie saharienne à In-Salah et des détachements dans les districts voisins. A l'extrémité méridionale du grand désert, la mission Foureau-Lamy, partie d'Ouargla depuis 1899, bordait les rives du Tchad.

Pénétré de toutes parts, le Sahara allait nous livrer ses secrets.

Le Touat restait à parcourir.

Trait d'union entre le Gourara et le Tidikelt, vierge encore de troupes françaises, il n'allait pas tarder à voir nos couleurs flotter sur les kasbah de ses oasis.

Première colonne Servières.

En juin 1900, le général Servières était envoyé en inspection au Tidikelt par la vallée de l'oued Mia. Cet officier général tenta de pénétrer au Touat par le sud, escorté seulement du goum du capitaine Pein (150 chevaux environ), pour gagner ensuite le Gourara. La traversée du Touat s'effectua sans brûler une amorce ; le général entra même dans Adrar, centre principal de cette région, y planta notre drapeau et reçut les hommages de la djemmaa (1) rassemblée. Pouvait-on conclure de cette rapide traversée, et des promesses et témoignages reçus de gens plus contraints que soumis, que leur fidélité nous

___

(1) *Djemmaa*, assemblée des notables d'un groupe indigène : tribu, douar, ksar, etc.

était acquise ? que le pays pouvait se passer de garnison, encadré qu'il était au nord et au sud par des postes distants de 200 kilomètres ?

Le général ne pouvait y laisser personne, étant donnée la faiblesse de son escorte ; mais combien il eût été sage, un peu plus tard, de penser qu'une surveillance active s'imposait, autant pour relier les régions extrêmes que pour l'observation de ce flanc ouest, largement ouvert aux incursions étrangères. Peut-être comptait-on beaucoup trop sur l'efficacité du camp d'Igli pour parer à ce danger. Mais Igli n'était qu'un point pourvu d'une force fixe considérable, avec un rayonnement nul, éloigné d'ailleurs du Gourara de 200 kilomètres. On verra combien peu il gêna les Bérabères.

Combats de Sahela-Metarfa (27-30 août, 5 septembre 1900).

Le général Servières avait rejoint Timmimoun depuis la fin juin, et regagné plus récemment Alger, siège de son commandement, lorsqu'une forte harka (1) de Bérabères, évaluée à 1.500 cavaliers, venue du Tafilelt par le travers d'Igli, entrait après nous au Touat et pénétrait dans Adrar. Les habitants terrifiés conjurèrent les représailles en affirmant sans peine qu'ils nous avaient accueillis obligatoirement ; fournirent des provisions abondantes, ainsi que des renseignements sur l'expédition que projetaient les arrivants ; le secret en fut assez bien gardé. Il s'agissait pour la harka de se rendre au Gourara sans éveiller l'attention et d'essayer de nous y surprendre. La faiblesse de nos effectifs donnait pleine confiance aux

---

(1) *Harka*, forte troupe armée. — *Rezzou*, troupe armée moins considérable. — *Djich*, deux ou trois douzaines de cavaliers armés.

Bérabères ; mais l'agitation inaccoutumée, provoquée par le passage d'une telle force indigène, allait, en quelque sorte, donner l'éveil.

Dans la deuxième quinzaine d'avril, d'étranges rumeurs parvenaient au chef de l'annexe de Timmimoun, le capitaine Falconetti. Cet officier se rendit avec son goum dans la direction du sud-ouest pour en vérifier l'exactitude. Il se heurta, le 27 août, à tout le contingent de Bérabères, près de Sahela-Metarfa. Sans en pouvoir apprécier le nombre, le capitaine Falconetti essaya de disperser les rebelles et risqua dans ce but plusieurs attaques infructueuses. Devant la résistance qui lui était opposée et les pertes qu'il venait de subir, le capitaine fit appel à la 2ᵉ compagnie saharienne, commandée par le capitaine Jacques, dont un peloton se trouvait dans les environs, au pâturage. Les attaques furent renouvelées, du 28 au 30 août, par ce peloton d'abord, puis par le 2ᵉ de la même compagnie, appelé à la rescousse, contre les murs d'un ksar fortement occupé. En présence d'échecs sérieux et répétés, le capitaine Falconetti n'insista plus ; il regagna Timmimoun, d'où la section d'artillerie qu'il avait fait demander partait pour le joindre. Le 5 septembre, le chef de l'annexe revint à la charge et eut un nouvel et dernier engagement, tout aussi infructueux que les précédents. Il rentra définitivement à Timmimoun sans être inquiété.

La 2ᵉ compagnie saharienne, ainsi que les goumiers, s'étaient bravement battus ; les pertes subies témoignent de la chaleur des assauts.

« Le capitaine Jacques et le lieutenant Depardieu avaient bravement succombé à la tête de leur troupe ; deux autres officiers étaient grièvement blessés ; un tiers de l'effectif de la troupe était atteint par les balles. » (*Extrait de l'ordre général du 1ᵉʳ septembre 1902.*)

La harka disparut vers l'ouest, emmenant ses blessés,

laissant le Touat à conquérir, et le Gourara très agité. Quelques troupes furent aussitôt envoyées d'El-Goléa pour renforcer Timmimoun ; mais là n'était pas la solution. Il fallait occuper militairement le Touat, quoi qu'il dût en coûter, comme on avait occupé le Tidikelt et le Gourara.

L'année 1900 s'acheva sans nouvel avatar ; le calme se rétablit peu à peu partout, engendrant comme toujours une trompeuse sécurité.

Deuxième colonne Servières.
Surprise de Timmimoun (19 février 1901).

Au début de 1901, dans le courant de janvier, le général Servières pénétrait de nouveau au Touat, par le nord cette fois, se rendant au Tidikelt, pour y effectuer la relève de certaines troupes. Escorté de 600 hommes de troupe régulière, il s'arrêtait, comme l'an passé, à Adrar, qui ouvrait ses portes sans difficultés. Il apprit là que, pendant cette marche vers le sud, au cours de laquelle on ne releva aucun indice suspect, la garnison de Timmimoun venait de se laisser surprendre dans l'enceinte même de la redoute par 800 Bérabères. Le 19 février, en effet, dans la nuit, une multitude armée faisait irruption à l'intérieur des murs par une poterne mal, ou pas gardée, et y jetait le plus grand désordre. Tirailleurs et assaillants se fusillèrent un instant, en l'absence de la presque totalité des officiers campés à l'extérieur. Les premiers arrivés parmi ceux-ci purent à grand'peine grouper leurs hommes et mettre un peu de discipline dans ce combat désavantageux où amis et ennemis ne se distinguaient pas; la compagnie du bataillon d'Afrique, comprise dans la garnison, parvint avec beaucoup d'audace et de résolution à rétablir l'action et à rejeter au dehors les assaillants.

Mais le bilan de cette chaude alerte se traduisait par 2 officiers et 9 hommes tués, 2 officiers et 35 hommes blessés.

Combats de Charouin (28 février 1901) et d'El-Hamira (1er mars).

Comme la précédente, cette harka s'éloignait, nous laissant cependant bon nombre de ses morts et blessés, sans être autrement inquiétée.

Averti de ce gros événement ainsi que des chances qu'il courait d'être attaqué à son tour, le général Servières remonta vers le nord avec ses 600 hommes. Le 28 février 1901, il vit sa route barrée à l'entrée du district de Charouin, et le ksar même de Charouin occupé. Très prudemment, le général engagea à bonne portée un combat d'artillerie qui fit, à vrai dire, peu de dégâts parmi ses adversaires ; du moins, ceux-ci ne lui causèrent-ils aucun dommage. Mais, ne se sentant pas en sécurité en présence du canon auquel ils ne pouvaient opposer qu'un tir insuffisant, les Bérabères se jetèrent dans les dunes à la faveur de la nuit, prenant ainsi le parti de déblayer le terrain. Une reconnaissance, composée de la 1re compagnie saharienne et d'une fraction de spahis sahariens, suivit leurs traces, pendant que le général commandant la division d'Alger, rassuré sur ses derrières, regagnait Timmimoun. Ce détachement atteignit la harka le lendemain 1er mars, dans l'Erg-el-Hamira. Son chef, le capitaine Ramillon, se laissa entraîner par une trop belliqueuse ardeur de ses cavaliers, à l'attaque de dunes que couronnaient des fusils. Point d'effet de surprise ; supériorité de l'armement nulle dans un terrain où l'on se fusille à bout portant ; désavantage du nombre et de la qualité même, à travers le sable familier à nos adversaires ; l'échec fut désastreux. Le capitaine Ramillon, le lieutenant de la Hellerie et 23 hommes furent tués et abandonnés ; le reste de la reconnaissance revint à Timmimoun, ramenant 36 blessés, dont 2 officiers. Les corps des deux officiers tués, retrouvés et reconnus plus tard malgré d'affreuses mutilations, reçurent une sépulture.

La nécessité d'occuper militairement le Touat s'imposait avec force ; nécessité surtout d'étendre vers l'ouest une surveillance des plus actives, en dotant les oasis d'éléments appropriés à ce but. Toute pacification devenait impossible si nous ne parvenions à les isoler radicalement de toute influence étrangère et du contact des bandes armées, insaisissables avec les moyens mis en œuvre. L'occupation d'Igli ; celle, plus récente, de Beni-Abbès, à 50 kilomètres au sud, ne donnaient pas les résultats attendus. Les forces fixes d'infanterie ne gardaient que le point de stationnement ; les patrouilles de cavalerie ne pouvaient s'écarter à plus d'une étape des postes sans risquer d'être enlevées : il fallait trouver mieux.

L'entretien de troupes régulières, d'autre part, à une telle distance des dépôts algériens, coûtait horriblement cher à la métropole ; les convois étaient fréquents : il les fallait bien escortés, et l'escorte consommait une grosse partie des vivres transportés. A la fin de la seule année 1900, les dépenses d'entretien atteignaient le chiffre respectable de 21.000.000.

Sous la pression de ces diverses nécessités naquit l'idée d'organiser une troupe spéciale indigène, adéquate au pays, vivant sur le pays, s'y recrutant au besoin ; agissant à la façon des adversaires à combattre ; recoupant au loin leurs traces ; les flairant, les traquant ; forte de nos moyens, instruite et disciplinée par des gradés énergiques, entraînés à la vie du sud. Le système des postes échelonnés en un vaste cordon, de Djenan-ed-Dar à Beni-Abbès (système condamné par Bugeaud en 1845), permettait d'être rapidement instruit du passage d'un groupe ennemi de quelque importance entre les mailles du filet, mais n'interdisait pas les infiltrations par petits groupes dont les traces se perdaient rapidement. Fallait-il prolonger ce système, défectueux par plus d'un côté, jusqu'à la limite méridionale des oasis, c'est-à-dire sur une nouvelle étendue de zone à couvrir de plus de 400 kilomètres, alors que le ravitaillement des postes de Duveyrier à Beni-Abbès était déjà très onéreux pour un effectif de 3.000 occupants environ ?... Les Bérabères s'embarrassaient fort peu de la surveillance restreinte exercée par ces postes : ils avaient, dans le courant de l'été 1900, razzié les chameaux du poste d'Igli au pâturage, à la barbe des spahis somnolents chargés de les garder, à quelques portées de fusil des sentinelles du camp.

Le rôle de la police en tous lieux ne consiste pas seulement à arrêter les malfaiteurs ; il consiste aussi à prévenir les méfaits. Or ces postes, à la façon des agents sur nos boulevards, communiquaient entre eux et se reliaient au moyen des courriers périodiques et des petites patrouilles de cavalerie, mais n'exerçaient au dehors qu'une action fort insuffisante.

Organisation des compagnies sahariennes.

Au mois de février 1902 fut porté devant les Chambres et voté, le projet de corps spéciaux sahariens, devant satisfaire aux desiderata énoncés précédemment. La loi de finances pour 1902 prévoyait cette organisation, ainsi que le licenciement des anciennes unités sahariennes (tirailleurs et spahis), qui ne pouvaient faire que double emploi avec les nouvelles créations. Les dépenses militaires engagées, pour 1900 : 21.000.000 en chiffres ronds ; 9.000.000 pour 1901, étaient ramenées par le nouveau projet à 5.500.000 pour l'année 1902. L'économie était

sensible au premier abord ; elle ne pouvait que s'accroître
à la suite d'un bon fonctionnement des unités projetées et
de la progressive évacuation des troupes régulières. Nous
verrons que les services qu'elles allaient rendre devaient,
à tous égards, justifier leur organisation.

Ces compagnies sont au nombre de trois au début et
jusqu'en 1904 ; elles comprennent 200 fantassins au minimum, pouvant pour la plupart être montés à méhari ;
1 peloton de 30 cavaliers, 1 peloton de 60 méharistes, 1 section de montagne, 1 équipage de transport (chameaux).
Elles sont encadrées par 1 capitaine, 4 lieutenants provenant du service des affaires indigènes ; 13 sous-officiers
(maréchaux des logis ou sergents) et un certain nombre
de caporaux ou brigadiers français et indigènes. Chaque
compagnie possède, en outre, son médecin, son interprète,
son officier d'administration comptable de la solde et d'un
dépôt de vivres. Ce dépôt de vivres a une destination par-
ticulière. Officiers et troupe doivent se suffire au moyen
d'une solde spéciale ; donc, suppression des convois périodiques de ravitaillement. Nous examinerons, à la fin
de cette étude, le service dans ces unités, la façon dont
vivent les hommes et ce qu'est ce dépôt de vivres, son
but. La 1ʳᵉ compagnie saharienne a son siège à **In-Salah**
(compagnie du Tidikelt) ; la 2ᵉ, à **Adrar** (compagnie du
Touat) ; la 3ᵉ, supprimée par décret du 1ᵉʳ août 1905, avait
son siège à **Timmimoun** (compagnie du Gourara) (1).
(Deux nouvelles compagnies sahariennes ont été créées :
l'une, le 22 avril 1904, à **Beni-Abbès** ; l'autre, 7 juin de
la même année, à **Colomb-Bechar**. Nous en verrons plus
loin les raisons.)

Avec ce nouvel élément, sorte de tribu armée, discipli-

---

(1) La suppression de la compagnie du Gourara a été la conséquence de la création de la compagnie de la Saoura, ayant son
siège à Beni-Abbès; le rayon d'action de celle-ci, plus étendu
vers le nord et l'ouest, annihilait l'action de la précédente.

née, commandée, dont le propre est la mobilité, j'allais dire la vie d'aventures, au service d'une cause essentiellement pacifique, s'ouvre, se développe l'ère des grandes randonnées, des raids hardis, qui pourchassent les pillards, punissent les déprédations au cœur même des refuges les plus redoutés. Le lieutenant Cottenest donnait déjà en 1902, avec le seul concours de goumiers, un bel exemple d'audace et de ténacité en pénétrant le massif du Hoggar à la recherche de Touaregs qui avaient razzié dans la vallée de l'oued Botha. Il les retrouvait et les attaquait à Arem-Tit, perdait ses bagages dans un combat où il ne devait le salut qu'à l'heureuse diversion de l'une de ses patrouilles et rentrait le 25 mai à In-Salah, après un parcours de 1.200 kilomètres.

A la tête d'un peloton de la compagnie du Tidikelt, le lieutenant Guillo-Lohan accomplit, en 1903, un exploit analogue : il contourne le Hoggar et rapporte de sa mission une abondante moisson de renseignements et de levés. Avec des fractions de ces récentes unités, des coups de sonde hardis sont jetés vers le sud, l'ouest et l'est, chaque année, soit à la poursuite des malfaiteurs, soit à la découverte de nouveaux itinéraires. En 1903, au mois de juin, le lieutenant Besset, parti d'In-Salah, incursionne chez les Touaregs Azdjer, et raccorde son itinéraire à celui de la mission Foureau-Lamy passée en 1899. Bien d'autres randonnées faites avec peu de monde, mais d'excellents moyens, seraient à citer, parties du siège de ces trois compagnies.

Les Touaregs du sud en ont si parfaitement compris la valeur que, sur quatre des groupes principaux qui composent leur population, trois ont fait leur soumission et sont devenus nos amis. La pacification semble donc en bonne voie au cœur même du désert. Les trouble-fête, les incorrigibles sont d'ailleurs bien moins les Touaregs, très réduits, que les Bérabères, les Oulad-Djerir et

les dissidents de toute espèce réfugiés dans la haute vallée du Guir. Les oasis étant protégées à distance désormais par nos milices, c'est au nord d'Igli, sur nos convois, sur nos postes mêmes, que les irréductibles vont
diriger leurs audacieuses entreprises et tenter d'assouvir
leur rapacité. Nous n'avons plus à enregistrer au Touat,
comme dernier de leurs exploits, que le vol de chameaux
consécutif au combat d'Hassi-Rzel (16 juillet) et le combat de Noukhilat (28 juillet 1903), qui en fut la conséquence et le châtiment. (Voir plus loin).

Convois libres.

Depuis l'époque (1901) où Bou-Amama conviait à une
plantureuse diffa, sous les murs de Figuig, encore re-
belle, quelques officiers français du poste le plus voisin,
le vieil insurgé de 1881 semblait vouloir nous témoigner
une amitié durable. Il désirait l'aman, sans se résigner
cependant à ce qui eût été nécessaire pour l'obtenir. En
fait, l'intérêt seul dictait sa conduite, et point du tout la
volonté de se rallier. L'administration militaire venait
d'abandonner le système de la réquisition pour la fourniture des chameaux entrant dans la composition des convois, et tentait d'organiser un service de convois dits
« convois libres ».

La réquisition avait, en effet, absorbé la majorité des
chameaux adultes tirés des Hauts-Plateaux. Ces animaux, d'apparence rustique, mais plus délicats qu'on n'a
coutume de se l'imaginer, soigneusement triés par le service des affaires indigènes lorsqu'il s'agissait de consti-
tuer un convoi, étaient partis dans le sud en grand nombre
à la suite de nos colonnes ; fort peu en étaient revenus.
L'allure trop vive imposée (on sait que le chameau ne marche bien qu'à la condition de marcher lentement, puisqu'il

se nourrit en marchant), la mauvaise qualité des pâturages traversés, l'insuffisance de l'eau et la fatigue journalière inhérente au chargement, avaient provoqué parmi ces animaux, tant en cours de route que pendant le stationnement, une effrayante mortalité. La pénurie commençait à s'en faire sentir dans le courant de l'année 1902, au point de causer de sérieuses préoccupations à l'administration militaire ; le total des indemnités payées pour pertes de chameaux dépassait, d'autre part, de beaucoup les prévisions ; l'Intendance songeait donc à organiser un service de convois dits « convois libres », dépourvus d'escorte militaire, s'en remettant pour la fourniture des chameaux nécessaires et la constitution de leur escorte à la diligence d'un entrepreneur. Ces convois présentaient sur les précédents l'avantage de revenir moins cher à l'Etat, qui, traitant à forfait, se trouvait débarrassé du souci de la réquisition et des indemnités ; de plus, ils transportaient intégralement plus de denrées, puisqu'ils n'avaient pas à subvenir aux besoins d'un nombreux personnel militaire ; ils marchaient à l'allure normale des chameaux, subissaient de ce fait moins de déchet, et empruntaient l'itinéraire qui présentait le plus de sécurité.

Or, il advint qu'avec la complicité de l'entrepreneur, les chameaux de Bou-Amama allaient composer subrepticement le plus important noyau des convois libres. L'influence du marabout leur fut très salutaire au début, car pendant un certain laps de temps ils sillonnèrent périodiquement la vallée de la Zousfana jusqu'à Igli et Beni-Abbès, dans une sécurité complète, sans autre escorte armée que celle de leurs sokrars (1). Cet heureux état de choses dura peu. L'influence maraboutique fut-elle, à un moment donné, insuffisante à juguler la rapacité des

____

(1) Un sokrar conduit 3 chameaux. Un certain nombre de sokrars sont groupés sous l'autorité d'un bachamar monté.

Oulad-Djerir et Bérabères ? ou Bou-Amama cessait-il d'entrer dans les combinaisons de l'entrepreneur ? Quoi qu'il en soit, des actes de brigandages allaient être commis à intervalles rapprochés, et marquer de faits d'armes heureux ou malheureux, toujours glorieux pour nos détachements, l'année 1903.

Un premier convoi de matériel est enlevé le 17 février ; un autre, plus important, composé de vivres et d'effets de toute nature, subit le même sort à hauteur d'El-Moungar, le 5 mai : 20 sokrars sont tués, 15 blessés. Dans l'intervalle, se place l'épisode de Ksar-el-Azoudj.

Combat de Ksar-el-Azoudj (29 mars 1903).

Le 29 mars, les chameaux de ce poste sont enlevés au pâturage par un groupe composé d'Ouled-Djerir et d'Ouled-Menasser qui viennent se réfugier ensuite derrière les premiers escarpements du djebel Moumen, pour y mettre leur proie en sécurité ; mais ils ne tardent pas à être rejoints par la section du 2ᵉ régiment étranger, de Fendi, que commande le lieutenant Dezé, sous les ordres supérieurs du capitaine du génie Normand. Nos soldats épuisent sans résultat une partie de leurs munitions sur des gens abrités ; grossis peu après par le détachement de Ksar-el-Azoudj, conduit par le lieutenant Ruffier, légionnaires et tirailleurs peuvent reprendre à l'ennemi la majeure partie des chameaux volés, mais non sans avoir à déplorer la perte du fourrier Lovy, du 2ᵉ tirailleurs, qui trouve, dans un combat corps à corps, une mort des plus glorieuses.

Guet-apens de Zenaga (31 mai 1903).

Le 31 mai, le gouverneur général, venu a Beni-Ounif pour arrêter certaines mesures de sécurité de concert

avec l'autorité militaire, est victime d'un attentat au col
de Zenaga, sous les murs de Figuig ; peu s'en fallut que
nous n'ayons à regretter, plus amèrement encore qu'il ne
le fut, ce voyage. Le guet-apens machiné par les bandits
de toute espèce enfermés dans Figuig, avec la complicité
des habitants, nous coûta 13 blessés, parmi l'escorte du
gouverneur. Il semble que cette cité, qui se plaçait ainsi
elle-même hors des traités, eût dû être occupée sans délai
et annexée aussitôt. Il n'en fut rien. Qui donc cependant
eût songé, à cette époque, à nous contester un droit payé
d'une telle offense ? Qui donc eût agi autrement ? Il est
permis de penser que le plus directement intéressé — le
sultan lui-même — qui n'avait dans Figuig ni autorité ni
prestige, eût accepté le fait accompli, comme il accepta
bénévolement que l'on bombardât cette parcelle hypo-
thétique de son territoire.

Pour des considérations mêlées d'une crainte exces-
sive de complications extérieures, Figuig, la plus riche,
la plus belle des oasis du sud, est restée, ou plutôt
devenue marocaine, après avoir subi en représailles
l'inoffensif bombardement de l'une de ses kasbah (1).

Loin de frapper de crainte l'esprit de nos adversaires,
le peu d'effet de cette action militaire et l'absence voulue
pour ainsi dire de victimes, donnèrent à ceux-ci l'impression d'une complète insuffisance de moyens ; ce
sentiment redoubla leur audace et préluda à cette sorte
de levée en masse des tribus sud-marocaines, qui devait
amener 9.000 personnes de tout âge sous les murs de
Taghit.

---

(1) Le jour et l'heure du bombardement furent signifiés la
veille, ainsi qu'il est de règle en pareil cas. Les habitants des
ksours qui composent Figuig avaient soigneusement évacué leurs
tanières.

Siège de Taghit (17 au 20 août 1903).

Au mois d'août, sous l'influence de marabouts prêchant
la « djehad » (guerre sainte), 4.000 hommes armés, de
toutes provenances, se groupaient dans la haute vallée
du Guir (Bérabères, Ouled-Bouanane, Ouled-Djérir,
Chamba, etc.). Un marabout réputé devait les conduire
à la victoire. Après bien des hésitations sur le choix du
point d'attaque, cette énorme cohue mal commandée, in-
disciplinée, que suivaient femmes et enfants, s'abattait,
le 17 août, comme une nuée de sauterelles, sous les murs
des ksours de Taghit et de Barrebi.

La petite garnison de Taghit, composée d'une compagnie du 2ᵉ tirailleurs, un peloton du 1ᵉʳ bataillon d'Afrique (1), quelques canonniers servant deux pièces de montagne, quelques hommes et gradés des divers services, et
une centaine de Mokrazenis (2), avait à sa tête le capitaine de Susbielle, chef de l'annexe.

Pendant quatre jours, Taghit fut cerné ; sa situation
inspira les craintes les plus sérieuses au gouvernement
général et dans toute la région. Le capitaine de Susbielle,
vaillamment secondé par tout son effectif, sut tenir en
respect les assaillants divisés par l'absence de commandement, et prévenir l'attaque en masse de son poste, par
d'énergiques et audacieuses sorties ; à la suite de ces
sorties journalières, tant bien que mal soutenues par le
canon de la redoute, nos pertes s'élevèrent à 1 adjudant,
9 hommes tués, 21 blessés. La petite garnison avait, en

---

(1) Capitaine Guibert, lieutenant Pétrement Picard, capitaine
Mariande.

(2) Mokrazenis, cavaliers arabes, recrutés par les soins et
pour le service des affaires indigènes ; ont rendu et continuent
à rendre dans le sud les plus grands services comme courriers,
estafettes, éclaireurs des colonnes Ils conservent la tenue indigène, se distinguent par un burnous de couleur foncée.

cours de siège, reçu un renfort inespéré : d'une part, un peloton de légionnaires montés, venu d'El-Morra sous les ordres du lieutenant Pointurier ; d'autre part, une cinquantaine de Mokrazenis du poste de Beni-Abbès, sous les ordres du lieutenant de Lachaux, qui n'hésita pas à forcer le blocus, soumis un instant au feu des défenseurs et à celui des assiégeants.

Le 21 août, le siège fut levé, à l'approche d'une colonne de secours envoyée de Djenan-ed-Dar, commandée par le lieutenant-colonel Cussac.

C'est presque au lendemain de ce glorieux épisode que s'accomplit la sanglante tragédie d'El-Moungar, triste « verso » de cette belle page.

Combat d'El-Moungar (2 septembre 1903).

Un groupe de 120 Chamba bien armés et bien approvisionnés avait abandonné, à son retour, la harka de Taghit dispersée par l'insuccès, pour se jeter dans l'Erg, dans l'attente d'une fructueuse opération. On avait relevé bien des traces ; mais où étaient exactement ces écumeurs, on ne le savait pas. L'Erg borde la Zousfana, à distance de 2 ou 3 kilomètres, sur une étendue de 60 kilomètres environ, offrant à ces assoiffés de butin un refuge où nul ne pouvait les atteindre. Il y avait lieu de veiller, tant au nord qu'au sud de Taghit, on ne savait que cela.

Le 2 septembre, passait, vers 10 heures du matin, au bec d'El-Moungar (1) le deuxième échelon du convoi du commandant Bichemin, formé d'un peloton de la 2ᵉ compagnie montée du 2ᵉ étranger, capitaine Vauchez, et de 500 chameaux chargés de matériel. Le fractionnement de ce convoi important en trois échelons, se succédant

––––––––––

(1) Eperon rocheux que forme le Djebel-Béchar, non loin des puits d'El-Moungar.

à douze heures d'intervalle depuis El-Morra, avait été commandé par la rareté de l'eau et le faible débit des puits jusqu'à Taghit. Le premier échelon comprenait les goumiers et 2 pelotons de spahis ; le troisième échelon, 2 compagnies de tirailleurs et quelques cavaliers, cinq ou six cents chameaux.

A 10 kilomètres au sud-est d'El-Moungar, au début de la grand'halte, le peloton monté, mal éclairé par ses flanqueurs collés aux faces du carré, fut attaqué par surprise de la façon la plus vigoureuse, à moins de 400 mètres, par un ennemi supposé nombreux, parfaitement dissimulé dans un repli de terrain. La riposte mit un certain temps à se produire, car les faisceaux étaient entrelacés, selon une vieille coutume, et les paquets de cartouches enfermés pour la plupart dans une enveloppe de toile. Les rafales ennemies avaient déjà fait bien des victimes, lorsque les premiers coups de feu furent tirés par les nôtres. Commencé vers 11 heures du matin, le combat prit fin vers 5 heures du soir, quand apparurent les premiers renforts de cavalerie accourus de Taghit. La chaleur était accablante ; sans eau et cernés de tous côtés, privés de leurs officiers, premières victimes, capitaine Vauchez, lieutenant Selchauhausen, les débris de ce peloton, groupés autour des sous-officiers survivants, n'attendaient plus, après huit heures de lutte, que la mort qui devait mettre un terme à leurs tortures physiques et morales.

Les pertes constatées sur place par le capitaine de Susbielle s'élevaient à 34 morts et 45 blessés (1) pour un effectif de 110 hommes de troupe.

---

(1) Je signale comme autres pertes : la totalité des chameaux enlevés, la totalité des mulets tués ou pris, 25 fusils, près de 5.000 cartouches. On évalue à environ 500 le nombre des fusils modèle 1886 pris par les dissidents depuis 1900. Ceci explique la gravité de certains échecs infligés par des gens que l'on suppose mal armés.

Ce sombre drame, l'un des plus sanglants de la conquête algérienne, eut une triste répercussion en France et dans toute la colonie. La période des tâtonnements, des hésitations allait enfin avoir un terme, car la patience était à bout. Il était urgent de prendre de nouvelles mesures de protection, puisque la sécurité sur notre ligne d'étape n'existait plus.

Ces dispositions, dont l'application était déjà à l'étude, peuvent être résumées ainsi :

a) Abandon de la Zousfana comme ligne de surveillance, et report de cette ligne à l'ouest du djebel Béchar, dans la région du Guir ;

b) Surveillance active vers l'ouest, par l'emploi du système mis en œuvre aux oasis du Sahara ; j'entends la création de forces mobiles appuyées à un solide noyau de force fixe ;

c) Réunion du commandement des troupes et du territoire dans la même main ;

d) Prolongement, enfin, de la voie ferrée de Beni-Ounif sur Igli par Béchar, envisagée comme suprême élément de domination.

Examinons en peu de mots chacune de ces dispositions et voyons comment elles répondaient au but à atteindre.

Abandon de la Zousfana, etc. — Le lit de ce cours d'eau saharien, complètement à sec, était depuis 1900 la ligne de ravitaillement adoptée, la plus courte depuis le terminus de la voie ferrée, la plus favorable jusqu'aux oasis, par ses quelques ressources en eau, en bois et pâturages. Elle passe auprès des premières pentes du massif du Moumen, théâtre du combat de Ksar-el-Azoudj, et se prolonge sur le versant oriental du djebel Béchar jusqu'à Taghit. Rien de plus triste, d'ailleurs, et de plus vaguement impressionnant que cette traversée pleine du souvenir des attaques, des rapts, des assassinats commis depuis notre arrivée. Les carcasses de centaines de chameaux jalonnent la direction de nos postes et dispensent de guides. Au delà du djebel, vers l'occident des crêtes, c'est le Guir et ses affluents, que nous nous sommes bénévolement interdits, faisant ainsi le jeu de tous les coups de main préparés à l'abri de nos investigations.

Le Béchar a été jusqu'en 1904, pour tous nos ennemis, un masque et un refuge. Il n'est pourtant pas impénétrable ; son altitude n'excède pas 1.400 mètres ; les divers passages, les moindres cols en ont été soigneusement relevés par les officiers de Taghit et d'El-Morra. Mais qu'attendait-on alors pour exercer au delà une surveillance active et permanente, qui ne pouvait que préserver efficacement le ravitaillement et les relèves ? Le protocole franco-marocain de 1901 rendait la chose singulièrement aisée, puisqu'il mettait les tribus aborigènes (Doui-Menia, Ouled-Djerir) en demeure de se soumettre à la France ou de quitter le pays. Or, ces tribus avaient refusé d'obéir au sultan et n'avaient point abandonné leurs terres ; elles étaient donc *ipso facto* devenues françaises, et la simple prudence commandait de les soumettre à notre police. Il fallut le grave échec d'El-Moungar pour aboutir à cette décision. Le ksar de Béchar fut occupé militairement le 12 novembre 1903, puis relié à Beni-Ounif, où venait d'atteindre la locomotive, par une série de postes provisoires : Bou-Yala, Ben-Zireg, Bou-Aïèche, etc.

La levée générale de boucliers, tant redoutée contre la garnison de Béchar, ne se produisit pas, et ce poste important, grand'garde avancée au contact de nos plus turbulents adversaires, n'eut pas, comme Taghit, à subir de siège. Les bienfaits de sa vigilance eurent sur toute la zone arrière une répercussion immédiate.

Surveillance active et rayonnante vers l'ouest. — Il va de soi qu'une seule garnison d'infanterie n'eût pas donné les résultas qu'on était en droit d'attendre de l'occupation de Béchar. Il fallait à Béchar, centre de renseignements, un rayonnement puissant dans les directions dangereuses, vers cet ouest si hostile à notre pénétration. De multiples et hardies reconnaissances devaient répandre une crainte salutaire parmi les fauteurs de trouble et rendre plus difficiles les rassemblements belliqueux, recouper les traces et signaler à temps la force et la direction des harkas éventuelles. Pour suffire à cette importante mission, fut décrétée la formation d'une nouvelle compagnie saharienne (7 juin 1904), sur le modèle des compagnies déjà créées. Le résultat ne tarda pas à être excellent. Sous les ordres fermes et éclairés du commandant Pierron, le groupe mobile de Colomb-Béchar, que vint compléter une compagnie montée de création également récente, arrêta net les incursions étrangères dans la vallée de la Zousfana et contribua pour la plus large part à l'établissement de la sécurité sur ce trajet.

Combats d'Hassi-Rzel et Noukhilat (16 et 25 juillet 1903).

Deux mois avant les innovations qui précèdent, le Ministre de la guerre avait fait décréter la formation d'une 4ᵉ compagnie saharienne à Beni-Abbès (22 avril 1904), dénommée compagnie de la Saoura. La nécessité de cette mesure s'était imposée à la suite du combat d'Hassi-Rzel, au Touat, le 16 juillet 1903. Un détachement de la compagnie saharienne du Touat à la garde des chameaux au pâturage, sous les ordres du sergent français Frémigaci, était attaqué par un parti de 300 Bérabères, perdait 19 hommes tués, ramenait 9 blessés et abandonnait à l'ennemi 90 chameaux.

Ce combat eut un lendemain. En représailles, le 25 juillet suivant, un groupe composé de 55 cavaliers et méharistes du maghzen de Beni-Abbès, et de 40 miliciens de la compagnie du Touat, rejoignait à Noukhilat les Bérabères, qui ne comptaient pas pouvoir être atteints à 300 kilomètres du lieu de leur exploit. Un combat livré au petit jour par le capitaine Regnault, commandant le détachement de poursuite, nous remettait en possession des chameaux volés, non sans une nouvelle perte de 10 hommes tués et 16 blessés. Le décret du 22 avril 1904, conséquence attardée de ces deux combats, avait pour effet de prolonger vers le nord et l'ouest l'action rayonnante de nos forces mobiles des oasis ; cette action, complétée un peu plus tard par celle de la compagnie formée à Colomb-Béchar, constituait vers les confins marocains un immense réseau d'influence protectrice, gage de sécurité dans notre nouvel empire.

Unité de commandement. — Enfin, pour justifier la mesure, confiant à l'expérience éclairée du général Lyautey, le commandement territorial et celui des troupes employées en région saharienne, disons combien furent regrettables, parfois funestes, les atermoiements dus à cette précédente séparation des pouvoirs. L'autorité subdivisionnaire d'Aïn-Sefra, immédiatement informée des moindres méfaits commis sur son territoire, ne pouvait toujours de son plein gré statuer sur la sanction qu'il convenait d'y apporter. Il fallait en référer aux généraux commandant la division d'Oran et le 19e corps d'armée, ainsi qu'au gouvernement général. Il en résultait une énorme perte de temps dans l'application des moyens de répression et une absence totale d'effet salutaire, car le voleur « file et n'attend pas », et ce, dans tous les pays, mais plus encore au Sahara, où l'espace constitue le plus sûr refuge.

Aussitôt nanti de tous pouvoirs sur son territoire (région comprise au sud d'Aïn-Sefra), le général Lyautey obtint de faire relier télégraphiquement le siège de son commandement, Aïn-Sefra, avec ses principaux postes du sud et de l'ouest. L'étude des divers tracés commença aussitôt. In-Salah était relié à la province d'Alger depuis 1903 ; Taghit et Beni-Abbès furent reliés à Aïn-Sefra en janvier 1904 ; Colomb-Béchar le fut par Beni-Ounif en avril 1905 (1).

Ce faisceau d'heureuses dispositions, que ne tardait pas à couronner l'arrivée du rail à Béchar, par le versant occidental du djebel de même nom, fut la conséquence de la sombre tragédie d'El-Moungar (1903) et des méfaits antérieurs. Un récent discours du gouverneur général, prononcé à Aïn-Sefra, proclamait la valeur du système, déjà constatée par la cessation presque complète des actes de piraterie. « La formule de sécurité, disait le gouverneur, est enfin trouvée ; la période des tâtonnements est close. » Plus de faibles garnisons d'infanterie, figées derrière des murs ; mais des postes à grande envergure, tentaculaires pour ainsi dire, pourvus d'éléments capables de jeter de hardis coups de sonde dans toutes les directions, aussi mobiles que l'adversaire, épousant sa tactique, bien armés, bien montés. Tel est l'instrument de sécurité, de pacification.

La locomotive, qui a atteint Béchar en août 1905, affermit notre domination. Elle apporte aux laborieuses populations Doui-Menia, hier encore réfractaires, avec les bienfaits d'une civilisation meilleure l'impression d'une force persévérante dans la voie de la colonisation et du progrès. Tous, nomades ou ksouriens, auront tôt fait de comprendre que notre présence, respectueuse des

---

(1) Nous devons à M. Etienne, inspecteur des postes à Alger, la récente étude du tracé de la ligne télégraphique réunissant l'Algérie à l'Afrique occidentale.

personnes et des propriétés, les délivre des luttes intestines qui ruinaient les uns sans enrichir les autres, et qu'elle n'a d'autre but que la mise en valeur de leurs territoires, dont ils seront les premiers à récolter les fruits.

Telle est, imparfaitement résumée jusqu'en 1905, l'histoire de notre pénétration saharienne depuis 1899. Nous en avons exclu à dessein les faits touchant à la politique, ainsi que l'œuvre parallèle de la mission Foureau-Lamy.

Mais conquérir ou pacifier n'est pas tout ; mettre en valeur est mieux. Or, quelles espérances la France peut-elle fonder sur l'immense étendue du domaine saharien ? Le prolongement de la voie ferrée est-il indispensable à son développement ; faut-il dépasser Béchar, pousser le rail jusqu'à Igli, pour s'élancer encore plus avant, achever en un mot le Transsaharien ?...

On en pourra juger par ce qui suit et conclure sans doute, ainsi que nous concluons, en toute impartialité.

II

En abordant cette deuxième partie, que j'ose à peine qualifier d' « économique », la première idée qui se dresse, l'idée maîtresse, est celle du Transsaharien. Contrairement au principe qui édicte que « l'œuvre crée l'outil », de même que « la fonction crée l'organe », ici l'outil a entrepris de démontrer la nécessité de l'œuvre.

L'idée d'une voie ferrée transsaharienne a engendré l'idée de pénétration, et l'une et l'autre sont dès le début si intimement unies que le premier tronçon du chemin de fer fut voté dès nos premiers pas, en février 1901.

Quelles données possédait-on avant cette époque sur le grand désert, qu'il était question de franchir et de maîtriser par le rail depuis 1880 ?

Ce qui va suivre est un peu le procès de cette attrayante conception, mais fera connaître le Sahara. Comme il n'a pas encore été établi de statistiques commerciale et agricole, auxquelles nous puissions nous reporter pour exprimer par la seule éloquence des chiffres la valeur économique des étendues véritablement sahariennes, nous étaierons notre opinion personnelle, formée sur les lieux mêmes, du témoignage des personnalités ayant pratiqué le Sahara, officiers ou explorateurs.

Avant que les raids et reconnaissances méthodiques de ces dernières années nous aient fourni des rapports détaillés sur le sol et les productions du Sahara, les renseignements recueillis étaient d'un optimisme assez vague. Rholfs et Barth faisaient foi. L'idée d'une voie ferrée reliant l'Algérie au Soudan avait trouvé place dans l'esprit de quelques économistes français et s'y était progressivement développée. Un des promoteurs les plus ardents de cette conception, M. Leroy-Beaulieu, écrivait : « Le Sahara est beaucoup plus une étendue rocheuse qu'une étendue sablonneuse. Le Sahara méridional est plus séduisant, plus fertile que le Sahara septentrional. Dans l'Aïr, riches vallées, bonnes eaux, bois, beaux arbres, pâturages font admirer la richesse de ces contrées ; au Tagama, végétation luxuriante où abondent les bœufs, les moutons, les chevaux, etc. Au Damerghou, pays couvert et fertile, où l'on voit des champs de blé et de belles plantations de coton et de tabac. »

Ces données sont extraites de l'ouvrage de Barth : *Reizen und Euldeckungen in Nord und Central Afrika*, 1857, car M. Leroy-Beaulieu n'était jamais allé au Sahara, à l'époque du moins où il s'appuyait sur ce qui précède.

Or, nous parlions un peu plus haut de l'optimisme de certains renseignements ; écoutons M. Foureau parlant des mêmes régions, un peu plus tard il est vrai : « Le pays est-il tellement changé depuis quarante-cinq ans, ou bien Barth, prenant des gazelles ou antilopes pour des troupeaux de bœufs et du millet pour des champs de blé, aurait-il subi des effets de mirage ?... » (*D'Alger au Tchad et au Congo*, 1901.) Certes, le Sahara, dans son ensemble, s'est appauvri ; mais sa décadence a mis plus d'un demi-siècle à s'effectuer.

Quoi qu'il en fût, l'objectif stratégique poursuivi était la jonction de l'Algérie et de la Tunisie au Sénégal et au Soudan ; l'objectif économique, l'essai de mise en valeur de l'immense hinterland. Une commission fut nommée, vers 1880, formée de notabilités des trois provinces algériennes, chacune de ces provinces s'offrant avec plus ou moins d'arguments ou de concessions à devenir tête de ligne du futur Transsaharien. Serait-ce de Ouargla, de Touggourt ou d'Aïn-Sefra que s'élancerait la locomotive ?

Grave question, qui dépendait surtout des facilités d'accès. La mission Flatters, partie d'Ouargla en 1881, à la recherche d'une voie de pénétration possible, aboutit au triste massacre de Bir-Tadjenout, à l'est du Hoggar. D'autres après Flatters, explorant dans un même but, durent rétrograder devant l'hostilité des Touaregs. M. Foureau tenta un essai de pénétration au Tidikelt en 1890 ; cédant aux sourdes menaces, il revint sur ses pas. Cette tentative, d'ailleurs, n'était pas la première émanant de son initiative privée.

En dépit des échecs, l'idée se dressait toujours, engendrant de beaux dévouements, groupant toujours un plus grand nombre d'adeptes. Et c'est ainsi que naquit, sous la pression d'économistes, de savants, d'ambitieux ou de rêveurs peut-être, une politique d'expansion nord-africaine.

Quand le hardi coup de main du capitaine Pein nous eut ouvert In-Salah, le monde militaire algérien reconnut le premier quel décevant mirage nous avait entraînés à la découverte de riches oasis, par delà les sables. Si celles-ci avaient connu autrefois une ère de prospérité, elles paraissaient bien déchues de leur antique splendeur. Le grand nombre des ksours ruinés, les palmeraies en partie improductives, l'eau rare, l'extrême dénûment des habitants, attestaient que la guerre ou le pillage y avaient fait leur œuvre ; que le découragement, la désertion et la paresse surtout l'avaient complétée. Ces régions étaient cependant les plus favorisées.

L'idée du Transsaharien reçut un premier choc. L'utilité de la ligne notoirement amoindrie au point de vue économique, on ne songea plus qu'au but stratégique, qui conservait intacte sa haute envergure.

Le Comité de l'Afrique française insistait en janvier 1901 sur la nécessité de réunir par une même politique le Sahara algérien et le Sahara soudanais, et sur l'*union*

des ports qui limitent au nord et au sud la mer saharienne ; la seule pensée de joindre les deux bouts, Algérie et Soudan, retint l'attention, encouragea les espérances. Nos postes, d'autre part, s'échelonnaient dans la
Zousfana, de Djenan-ed-Dar à Igli, ravitaillés à grands
frais par des convois périodiques ; des troupes régulières
de la division d'Alger occupaient non moins coûteusement
le Touat, le Gourara et le Tidikelt ; pour ces raisons
d'ordres divers fut voté, le 1ᵉʳ février 1901, le tronçon
transsaharien Duveyrier-Igli.

Depuis cette époque les reconnaissances entreprises
par nos milices se sont multipliées et se poursuivent
dans toutes les directions, tant dans un but de sécurité
que de découverte économique. Toutes ont donné jusqu'à ce jour le même aperçu décevant, la même note
d'incroyable aridité. Résumons-nous, résumons-les.

De Beni-Ounif au Touat, par la Zousfana, sur un parcours de 700 à 800 kilomètres, la population est clairsemée, l'industrie nulle. Le seul arbre productif est le pal-
mier. Les recensements ont donné pour les oasis des
Beni-Goumi, du Touat, du Gourara, du Tidikelt et de la
Saoura, un total de 1.800.000 palmiers. Mais combien
parmi ces arbres ne produisent pas ? Quel rendement
échafauder à cet égard sur la valeur du domaine, et le
trafic auquel il donnera lieu quand on aura retiré de la
récolte annuelle la quantité de dattes nécessaires à la
subsistance des hahabitants, parfois aussi des bêtes de
somme, dont ce fruit constitue presque exclusivement la
nourriture ? Il est permis de penser déjà que le surcroît
n'est pas énorme, à ne considérer que l'état physique des
uns et des autres. (Notons, en passant, que la datte du
sud est inférieure à celle du Souf, et qu'elle dégénère
rapidement.)

Quant aux produits agricoles ou potagers que notre
présence tend à développer au sein des oasis, ils pour-

ront, dans un avenir assez rapproché sans doute, suffire à une partie des besoins de la population ; mais ils ne croissent qu'en certains lieux, à l'ombre des palmiers, sur un sol facile à irriguer et dépourvu d'humidité magnésienne, abrité des vents desséchants du sud (sirocco), conditions difficiles à réunir pour qu'il y ait abondance. Le rendement disponible en dattes n'en sera pas, de ce fait, considérablement accru. Les palmeraies sont, il est vrai, susceptibles de développement, et notre science s'emploie à les agrandir, à les revivifier, par des captations de sources ou des forages artésiens ; mais ces progrès se heurtent à une autre difficulté contre laquelle nous ne pouvons rien, c'est le manque de bras et de bonne volonté.

La population des ksours, anémiée, paresseuse, croupissante, tablant uniquement sur le travail de la femme ou de l'esclave, est inférieure aux nécessités d'une reconstitution. Et le colon européen ne s'est point encore dirigé vers le Sahara cultivable. S'y dirigera-t-il jamais ?... (1).

Après les produits du sol, que trouvons-nous au Sahara comme denrée d'échange ? Un peu partout les mêmes. Nous avons relevé dans la Saoura l'orge, venue du nord ; quelques produits domestiques, des ustensiles divers (au sud de Beni-Abbès) faits avec du drinn (variété d'alfa), des cuirs filalis, de la laine, du henné, quelques cotonnades, un beurre grossier, du lait aigre, des œufs, etc. Depuis l'apparition de l'argent, le thé, le café, le sucre, les allumettes et la pacotille y sont vendus à l'indigène à des prix excessifs par le mercanti, le juif roublard et sans scrupule. Ce commerce, ce trafic plutôt, ne donne

---

(1) On cite un ex-sous-officier français d'une compagnie saharienne qui s'est retiré dans une palmeraie du Gourara pour y coloniser. Louable exception : mais y pourra-t-il demeurer ?...

pas lieu à un mouvement important (à part ce qui est livré aux garnisons de nos postes) et quelques caravanes y pourvoient amplement.

Jusqu'aux territoires du Touat, voilà donc un aperçu sommaire de ce qu'on trouve sur les marchés du parcours. Nous pourrions nous étendre plus encore, et allonger ce récit du détail de choses vues dans l'ordre des transactions ; à quoi bon ? Le tracé du chemin de fer, après avoir subi une importante modification, est venu aboutir à Béchar, peu après notre arrivée en ce point. (le projet primitif admettait la voie ferrée sur le revers oriental du djebel Béchar, dans la vallée, ou parallèlement à la Zousfana. Des difficultés d'ordre technique ont détourné les études de ce côté, pour les reporter sur le versant occidental, dans la vallée de l'oued Béchar, par Ben-Zireg.) Cette modification a été heureuse, car la différence de richesse entre les deux vallées, Zousfana, Guir, n'est pas contestable au profit de cette dernière ; mais la vallée moyenne du Guir et ses tributaires ne sont déjà plus du Sahara, par l'aspect général et l'abondance des eaux. Le caractère des habitants, Doui-Menia, diffère aussi totalement. Les Doui-Menia sont laborieux, grands éleveurs ; ils cultivent dans leurs vallées l'orge en abondance, et le blé ; ils entretiennent un important commerce avec les ksours du nord et de l'ouest, Figuig, Aïn-Chaïr, Kenadsa, etc. Ils gagneront certainement à notre contact et reconnaîtront sous peu tous les bienfaits de notre influence. Après avoir applaudi à l'arrivée de la locomotive à Beni-Ounif (1), on peut saluer encore avec satisfaction sa présence à Béchar ; mais aller au delà, aller jusqu'à Igli, serait une forte et inutile dépense que ne

----

(1) Beni-Ounif n'a cessé de progresser depuis le passage de la voie ferrée. La proximité de Figuig et ses affinités avec le Maroc mettent cette station, déjà florissante, à l'abri de la déchéance qu'ont connue Djenien-bou-Rezg et Duveyrier.

justifierait, à nos yeux, aucune raison politique ou économique. Où le sol est nu, dépeuplé, aride ; où il n'y a
rien, il n'y a rien à espérer. Le poste d'Igli, créé en 1900,
vient d'être évacué ; il faut en conclure que le tronçon
Bechar-Igli est pour longtemps ajourné.

Voyons maintenant ce que l'on doit penser du Sahara
au sud des oasis, et jusqu'à Tombouctou.

Le Hoggar, vraisemblablement nœud orographique et
cœur du Sahara, réduit de l'antique puissance touareg,
fut pénétré, tourné par le lieutenant Cottenest en 1902
(15 mars-23 mai). Dans le compte rendu de son voyage,
cet officier s'exprime ainsi : « Sa pauvreté superficielle
est plus grande encore que celle du Tidikelt. Les puits
sont rares ; pas d'eau à la surface du sol ; population
clairsemée dans un pays rocheux, dont le pillage peut
être la seule raison d'exister. » On sait qu'il n'y pleut
pas en moyenne une fois par an.

A la fin de la même année, le lieutenant Guillo-Lohan
accomplissait une tournée analogue à la poursuite d'un
djich qui avait razzié dans l'oued El-Botha ; il rapportait
du Hoggar et du parcours effectué (1.200 kilomètres)
une ample moisson de renseignements géologiques et d'in-
téressants levés, mais aussi une égale impression de tris-
tesse et d'infécondité.

Au nord du Hoggar s'étale le vaste plateau du Mouydir.
Ce pays est d'apparence plus fertile que le nœud orographique auquel il se rattache. Il est relié au Tidikelt par
l'Ifetessen. Ces deux régions ont été plusieurs fois dé-
crites. Par leur humidité, leurs pâturages (ceci surtout
écrit pour le Mouydir), l'apparente fertilité du sol, elles
offrent un frappant contraste avec le Tidikelt, « bled de
la soif et de la mort », et le Hoggar, où il n'est que la
roche.

« Dans ce pays, chacun des hommes de la compagnie
du Tidikelt trouverait l'emploi de ses doubles facultés de

cultivateur et de soldat... C'est assez dire le charme qui les attire vers ce pays de verdure et des sources fraîches. » (Lieutenant Besset.) Il s'agit ici, ne l'oublions pas, d'une comparaison. L'attraction qu'exerce le Mouydir s'accroît de la répulsion qu'inspirent les régions avoisinantes.

Un savant professeur de la faculté des lettres d'Alger, M. Gauthier, qui depuis trois ans poursuit l'étude géologique du Sahara, et qui, avec le commandant Laperrine, allait une première fois d'In-Salah jusqu'à In-Zize, vers Tombouctou, et remontait par le Mouydir, écrivait en 1903 : « Le Sahara est bien un désert ; il est impossible d'imaginer, actuellement du moins, qu'on puisse jamais tirer quelque chose de ces immensités nues ; même dans le Mouydir, région moins aride, la réalité dépasse la prévision. » (*Afrique française*, août 1903.)

M. Gauthier a, depuis cette époque, accompli la traversée du désert d'In-Salah à Gao, sur le Niger, escorté par un peloton de Touaregs. Ses impressions d'ensemble n'ont pas été modifiées : « Le plus robuste optimisme ne peut pas permettre d'espérer que ces pauvres oasis du Touat paient jamais leurs frais d'occupation. A la dernière murette de la dernière palmeraie, le désert commence, complet, absolu ; il s'impose. » (Novembre 1905.)

Enfin, et pour en terminer avec ces citations, M. Foureau, dont la belle exploration a fourni tant d'utiles renseignements, dit quelque part dans son livre *D'Alger au Tchad* : « Il est bien évident que le Sahara actuel ne peut rien nous fournir ; ses productions sont nulles et son trafic insignifiant. » Et de même que MM. Flamand et Gauthier, il signale la présence de terrains carbonifères.

Oui, les terrains carbonifères sont fréquents au Sahara : il en existe au Tidikelt, au Hoggar, dans le Tassili du nord (Azdjer) et en bien d'autres lieux ; les échantillons rapportés ont révélé leur présence. Mais les forages entrepris au Tidikelt, sur les indications de M. Flamand, n'ont encore révélé nulle trace de charbon. En sera-t-il ainsi partout?... Multipliera-t-on les forages ? Sans doute ; l'avenir dira avec quel succès ils auront été pratiqués.

CONCLUSION

Pour l'instant nous ne pensons pas qu'à travers ces régions doive être poursuivi le développement d'une voie ferrée qui ne mesurerait pas moins de 3.500 kilomè- tres et absorberait des sommes difficiles à prévoir, en raison de difficultés multiples sans cesse grandissantes. Joindre les principaux ports de nos deux grands empires africains au moyen de cet interminable ruban n'est pas non plus une œuvre capitale de première nécessité · Arzew, Oran, Dakar, tireraient peu de bénéfices de l'ex- ploitation saharienne.

Nous savons que le Sahara est « vraiment un désert », au sens le plus absolu ; que « ses productions sont nul- les », « son trafic caravanier insignifiant » ; « que de longtemps il ne faut songer à en rien retirer ». Pour vivifier relativement ces espaces et apporter à leurs habi- tants nos sujets, les améliorations d'existence que notre civilisation est à même de leur donner, point n'est donc besoin d'y lancer une locomotive et de consacrer à cela plusieurs centaines de millions. Notre action civilisatrice et féconde doit tendre à approprier d'autres moyens au but ; s'ils existent déjà, à les développer.

Efforçons-nous d'abord d'établir une paix durable entre toutes les fractions touareg. Ne divisons pas pour régner ; mais soyons, au contraire, le trait d'union pacifique entre ces frères ennemis qui, de tout temps, se sont fait la guerre : Taïtocq, Ahnet, Ifoghas, et tout récemment les

Hoggar, ont reconnu notre autorité (1). Et leur sincérité vient de s'affirmer d'une manière éclatante, puisque M. Gauthier a pu accomplir la traversée d'In-Salah à Tombouctou, l'an dernier, sous la seule protection de touaregs Ifoghas. La race berbère a de ces retours ; elle ne se livre pas à moitié. Les Azdjers sont encore rebelles ; ils nous interdisent les routes de la Tripolitaine, les marchés de Ghat et Rhadamès ; ne désespérons pas de les amener à composition. Ils ont d'ailleurs un impérieux besoin des routes commerciales de l'Aïr, qui traversent la région du Hoggar, virtuellement dépendante du Tidikelt. Leurs terrains de parcours confinent à ceux des tribus du Tidikelt et du Hoggar, avec lesquelles ils ont des intérêts communs ; il n'est donc pas douteux que leur soumission soit une affaire de temps, une fatale nécessité.

Employons-nous, en second lieu, à rouvrir, dans toute l'étendue de l'hinterland, les anciennes routes commerciales, que fréquentaient autrefois les caravanes. Ces routes sont nombreuses ; il en part du Tidikelt vers Tombouctou, par le Tanesrouf, et par Timmissao (celle-ci, la plus favorable par le nombre des puits, passe au pied du Hoggar et fut abandonnée par crainte des pillards). Il en part d'In-Salah vers Ghat et la Tripolitaine ; d'In-Salah vers Agadès, Zinder ; de Tombouctou vers le Fezzan, etc. (Colonel d'Eu, *Touat, Gourara, Tidikelt*.) Renouons donc la chaîne des caravanes, qu'ont interrompue les actes de brigandages et assurons la sécurité des transactions en transformant les Touaregs en gendarmes, après les avoir traqués comme voleurs ; pour cela, enrôlons-les dans nos pelotons de milices, leur tempérament guerrier nous en

---

(1) Le chef respecté d'une grande partie des Touaregs, *Moussa*, homme de bien, dont les idées larges et conciliatrices viennent de s'affirmer dans la soumission, peut être considéré désormais comme un précieux auxiliaire de la France au Sahara.

fera, tout comme les Chamba, de précieux auxiliaires.
L'occupation militaire du Sahara s'impose ; elle s'impo-
sera probablement toujours, autant que le Maroc restera
dans sa partie méridionale un foyer d'agitation engendrant
la discorde entre les tribus, la misère parmi les habitants,
le vol et le brigandage à l'extérieur qui en sont les résul-
tantes ; du moins, dans notre souci de préserver nos nouveaux sujets et leurs biens de ce contact dangereux, au-
rons-nous atteint ce but en réduisant au minimum les frais
d'occupation.

La voie télégraphique reliant l'Afrique centrale à l'Afrique du Nord, au lieu et place de la coûteuse et inutile
voie ferrée, nous verrons s'ouvrir dans le Sahara français, et aux oasis en particulier, une ère de prospérité
relative, la moins onéreuse pour la métropole et la plus
en rapport avec ces mornes étendues.

III

Les compagnies sahariennes.

J'ai, dans la première partie de ce travail, indiqué les
raisons qui ont amené la création de ces unités nouvelles,
ultra-mobiles, appelées « compagnies sahariennes ». Ré-
sumons leur rôle en une simple formule : « Prévenir et
châtier. » *Prévenir* les méfaits par une police active,
aussi étendue que possible ; *châtier* les fauteurs, en les
poursuivant, s'il le faut, jusqu'en leurs plus lointains repaires.

Ce système a eu comme conséquence budgétaire la di-
minution d'abord des effectifs de troupes régulières à entretenir aux oasis ; puis leur suppression progressive,
d'où réduction considérable des frais d'occupation. Il a,
depuis son application, démontré sa valeur par les actes
accomplis. Il n'est que la permanence, en somme, du
procédé employé par le colonel de Négrier et le commandant Marmet en 1882, pour poursuivre et châtier Bou-
Amama, Si-Sliman et leurs contingents. La tactique des
indigènes ne s'est pas modifiée depuis cette époque. La
mobilité étant leur principal moyen d'action, il faut les
combattre par la mobilité, alliée à nos moyens propres.
Les groupes légers de 1881 dans le Sud oranais, constitués
par les goumiers et leur soutien d'infanterie (section fran-
che ou compagnie montée), se trouvent représentés au
Sahara par nos pelotons de miliciens, montés comme
leurs adversaires (les Touaregs), armés en fantassins,
fortement encadrés et disciplinés et combattant à pied.

Les-renseignements donnés par le capitaine Cauvet en 1902 sur la force des Touaregs de toute caste permettaient de penser que nous n'aurions jamais à les combattre qu'en nombre presque égal (1). Cette hypothèse, démontrée d'ailleurs par les événements, est devenue plus encore une certitude depuis la soumission d'un certain nombre de fractions touaregs.

Dans l'ouest, à Béchar, où les contingents de Bérabères peuvent atteindre, ainsi qu'en 1882, plusieurs milliers de cavaliers, le groupe léger a reçu la constitution qu'il eut à cette époque. Savoir : 1er échelon mobile, les pelotons de la compagnie saharienne ; 2e échelon ou soutien d'infanterie, une ou deux compagnies montées de nouvelle formation ; enfin, une force fixe en réserve (compagnie d'infanterie), se déplaçant au besoin, ainsi qu'autrefois les troupes du convoi.

Je ne m'arrêterai un instant que sur les nouvelles unités, créées par décret du 1er avril 1902.

Primitivement au nombre de 3, ainsi que je l'ai déjà dit, les compagnies sahariennes sont actuellement au nombre de 4, ayant une même composition.

Les éléments des 3 anciennes premières (compagnies du Tidikelt, du Touat, du Gourara (1) se recrutèrent partie, le plus solide noyau, parmi les éléments du bataillon de tirailleurs et de l'escadron de spahis sahariens, licenciés par décret daté du jour de la nouvelle création ; partie parmi les tirailleurs algériens des trois premiers régiments ; partie, enfin, en très petit nombre, parmi les tribus du Sud algérien. Malgré une rigoureuse

(1) « 200 méharistes Chambaa assureraient aisément la police de cette région, car la coalition de tous les Touaregs, Azdjer, Ahnet, Hoggar, n'est plus à redouter depuis notre installation à In-Salah. » (Capitaine Cauvet, chef de l'annexe d'In-Salah, 1902.)

(1) Il ne faut pas oublier que celle-ci a été supprimée par décret du 1er août 1905.

sélection, on atteignit sans peine l'effectif prévu. Chaque milicien devait contracter un engagement de deux ans au titre d'une des trois compagnies sahariennes ; il était autorisé à déclarer la catégorie dans laquelle il désirait servir : soit à pied, soit à cheval, soit à méhari.

J'ai déjà donné la décomposition de l'effectif à entretenir dans ces catégories, et la constitution des cadres. Le capitaine commandant la compagnie remplit également les fonctions de chef d'annexe, aux oasis. Les lieutenants, généralement deux fantassins, un cavalier et un artilleur, prennent indifféremment le commandement des fractions d'infanterie, de cavalerie ou de méharistes qui doivent marcher avec eux dans les reconnaissances, les escortes, ou la garde des chameaux au pâturage. Les sous-officiers européens sont d'une valeur éprouvée, possèdent la langue arabe et justifient amplement par leur fermeté de caractère la confiance dont ils jouissent là-bas et la part d'initiative qu'on leur concède.

La troupe, enfin, est fractionnée en sections ou pelotons, ayant à leur tête un sous-officier européen. Les hommes, libres de rengager après un premier service de deux ans, ne sont admis à servir une nouvelle période qu'après un minutieux examen. Le Chamba est recherché pour ses qualités de méhariste, son flair particulier. C'est un guide excellent, dévoué, qui n'a pas son pareil pour découvrir une trace, la suivre parmi un dédale de nombreux recoupements. Le Touareg, s'il consent à s'enrôler, fournira un auxiliaire non moins précieux, durci à la vie d'aventures et de privations.

L'ensemble est donc d'une endurance exceptionnelle, et d'une grande bravoure, de cette bravoure folle naturelle à l'Arabe, plus particulièrement au montagnard ou au fils du désert, et dont il faut savoir user dans les limites de la cohésion.

L'Etat, ai-je dit, s'est débarrassé de tout souci d'en-

tretien, à l'égard de ces troupes ; il fait entretenir cependant au siège de chaque compagnie un dépôt de trois
mois de vivres, pour le cas de disette absolue (1) ; il
alloue à chaque homme 3 francs, 4 francs, ou 4 fr. 70
par jour, selon sa position : à pied, à méhari, à cheval.
L'homme pourvoit à sa subsistance ainsi qu'à celle de sa
monture, et à son propre entretien (2). Les armes (cara-
bine 1892 avec baïonnette), 120 cartouches, et l'équipe-
ment (un baudrier-cartouchière à la cosaque), sont à la
charge de l'Etat.

Quant au vêtement, il est simple, uniforme pour tous,
et s'identifie avec celui de l'Arabe du Sud. Les officiers
sont, en route, vêtus comme leurs hommes, différenciés
simplement par la coiffure.

Ces unités, ces pelotons ont donc, en station comme en
marche, toutes les apparences d'une tribu de guerriers
arabes fortement disciplinée.

Le seul mode de combat est le combat à pied, par le
feu. L'instruction primordiale donnée à tous est celle
de notre fantassin. Les soins à donner aux animaux viennent en surcroît et sont l'objet d'une attention constante,
en raison du désintéressement naturel de l'Arabe à l'égard
de sa monture.

Enfin, au point de vue commandement et discipline, les
compagnies du Tidikelt et du Touat relèvent, par décret
de réorganisation du 1er août 1905, du commandement
supérieur d'un chef de bataillon, lieutenant-colonel ou
colonel, siégeant à In-Salah, actuellement le lieutenant-

---

(1) Ce dépôt est renouvelé lorsqu'il a atteint la limite de con-
servation.

(2) Des merkantis ont établi leur petit commerce au siège des
compagnies. Les officiers, d'ailleurs, s'occupent beaucoup des besoins de leurs hommes et de leurs bêtes, en allant vers les régions
du Nord, périodiquement, s'approvisionner en orge, café, sucre,
farine, etc., transportés aux oasis par les chameaux des compagnies.

colonel de cavalerie Laperrine, ayant vis-à-vis de ces compagnies l'attribution de chef de corps.

Les compagnies sahariennes de la Saoura et de Colomb-Béchar constituent des unités autonomes, et le capitaine qui commande chacune d'elles a les attributions de chef de corps, dévolues par les règlements aux commandants de compagnies formant corps. Ces divers commandements relèvent à leur tour du général commandant la subdivision d'Aïn-Sefra, actuellement le général Lyautey.

Mars 1906.

TABLE DES MATIÈRES

I

II

III

www.ingramcontent.com/pod-product-compliance
Lightning Source LLC
Chambersburg PA
CBHW051128050726
47594CB00003B/1002